激发

引导技术与引导式管理

张谷雄◎著

INSPIRE

FACILITATION AND FACILITATIVE MANAGEMENT

人民邮电出版社

北京

图书在版编目（ＣＩＰ）数据

激发 ： 引导技术与引导式管理 / 张谷雄著. -- 北京 ： 人民邮电出版社，2019.7
ISBN 978-7-115-51250-5

Ⅰ．①激… Ⅱ．①张… Ⅲ．①组织管理学－研究 Ⅳ．①C936

中国版本图书馆CIP数据核字 (2019) 第088120号

内 容 提 要

本书从初识引导技术到能力技巧精粹，再到研讨会实战案例，为引导师和管理者如何使用深层次的干预措施激发能量、汇聚能量、传递能量提供了指导方针，适用于策略计划会议、团队愿景规划、冲突解决、团队问题解决等；同时也提供了一些有用的适应模型、真实案例，帮助读者掌握 10 种关键的引导技能，深化引导技术与引导式管理的技巧，可实际应用于多种工作场景。本书适合专业引导师、培训工作者、企业管理人、业务领导人等阅读，具有普遍的应用价值。

◆ 著　　　　　张谷雄
　　责任编辑　赵　娟
　　责任印制　彭志环

◆ 人民邮电出版社出版发行　　北京市丰台区成寿寺路 11 号
　　邮编　100164　电子邮件　315@ptpress.com.cn
　　网址　https://www.ptpress.com.cn
　　涿州市般润文化传播有限公司印刷

◆ 开本：720×960　1/16
　　印张：12.5　　　　　　　　2019 年 7 月第 1 版
　　字数：120 千字　　　　　　2025 年 9 月河北第 7 次印刷

定价：49.00 元

读者服务热线：(010)53913866　印装质量热线：(010)81055316
反盗版热线：(010)81055315

推荐序一

第一次和谷雄同台献讲，我吃了一惊，他镇定、自信、风趣，古今中外信手拈来！

第一次在台下听谷雄在项目启动会上发言，我又吃了一惊，他睿智、激情，以业务为导向，影响力超强！

虽然和谷雄一起工作的时间不到 5 年，但谷雄给我留下了非常深刻的印象。每次的客户现场交付，他的引导都能让研讨会达到超预期的效果。他是客户尊重的张老师，也是同事们喜爱的"饺子哥"。

谷雄特别善于发现问题、总结问题、提炼思想。此次出版的《激发：引导技术与引导式管理》是谷雄多年实战和理论相结合的成果，此书不仅介绍了在不同场景中应该如何应用引导技术，而且阐述了引导师应该如何提升自己深层次的动机和价值观，如何在引导场景中展示高情商和对业务、问题的洞见，以及如何在引导现场赋能他人、激发参与者的潜能。

从根本上讲，引导技术的训练不仅限于"术"的层面，好的引导师在"道"的层面更胜一筹。本书对"术"和"道"两个层面都有详细的阐述，可以说是迄今为止我看到的关于引导技术最全面、最有深度、最实操的一本教材。

在"VUCA+"时代，创新和赋能成为企业持续健康发展的重要法宝，而在工作场景中应用引导技术是最符合这个时代的一种管理和沟通方式，它可以激发团队共担、共创，发挥每个人最大的能量创造最满意的成果。引导技术和引导式管理是让企业持续保持创新和赋能的源泉。

无论是企业的高管、业务领导人，还是一线经理人，甚至是个人贡献者，都应该学习引导技术，采用引导式管理，激发他人的潜能，使其不断创造惊喜！

作为谷雄曾经的同事，我特别骄傲能看到他的专著出版，特别荣幸能为这本书写序。希望这本书能够为各级管理人员的日常管理和沟通提供一些帮助，也希望在咨询公司工作的顾问能花时间阅读本书，提升自己的引导技术，为客户带来更大的价值。

光辉国际咨询业务

中国区副主席

陈雪萍

2019 年 2 月于北京

推荐序二

初识谷雄老师是在我们公司和光辉合益咨询公司的一个高管领导力项目上，项目目标是促使高管团队成员拥有更紧密的合作，实现每个高管成员的自我提升。

实际上，高管领导力项目是极具挑战性的，毕竟能够做到企业管理层的人大多数具备丰富的行业经验，而且过去都会有一些突出的业绩，在工作中接受各类培训、学习的机会很多，对于各类学习往往会更加挑剔。过去成功的经验很容易让高管们不太能够认清自我，在高管团队中营造坦诚开放、背靠背信任及互助的氛围会更加困难。但我们的这个项目结束后，所有成员都对这个项目表示认可，认为最终取得的成果比较完美，达到了我们原先的预期。

在整个项目的过程中，谷雄老师作为核心引导师给我留下了深刻的印象。记得每次研讨会之前，我既期待又忐忑，期待的是在研讨会上能有新的收获，忐忑的是不知在这次研讨会上，老师们又会用什么新的套路来"折腾"我们。我们对每次研讨会前老师们的精心准备心怀感激，对于各种"套路设计"也是打心底里佩服！

　　我当时想，如果能够具备这些套路设计的能力，无疑对团队的激发与自我成长是大有裨益的。所以，在闲暇时，我也曾经提议谷雄老师，授人以鱼不如授人以渔，这些技术如果能够整理成书，让更多的人学习和掌握，它所产生的价值会比做一场场研讨会的价值更高。后来，谷雄老师自己创立了企业，每天非常忙碌，这事儿估计也就暂时搁置了，我的内心不禁感到遗憾。

　　没想到，几天前突然收到谷雄老师的这本《激发：引导技术与引导式管理》的草稿，我几乎一口气把它读完。一方面是因为书稿的语言通俗易懂，逻辑框架清晰，方便阅读；另一方面是因为，我感觉以前的很多困惑豁然开朗，知道了这本书所蕴含的管理价值。原来老师们的"套路设计"也都是有理论支撑、有技术可以教授的！原来我曾经在研讨会中多次体验的方法和技巧都源自"引导技术"！原来这门技术源于引导式教育，是 20 世纪 20 年代由匈牙利学者 Peto András 不断探索后创建的，后来被引入企业管理领域后才慢慢发展为引导技术与引导式管理！

　　引导技术不同于外界所熟知的培训技术、教练技术，而是指"基于某个设定的目的，对一个特定人群激发能量、汇聚能量和传递能量的过程"。它非常契合目前企业管理中最聚焦、最紧迫的管理场景，从激发人心的团队建设、团队影响力、文化宣贯会，到助力业务项目复盘、高管管理升级、人力资源体系管理效能提升等管理场景，引导技术都能发挥出其强大的"激发能量、汇聚能量、传递能量"的作用，让企业和管理者能够享用满意的成果。

有别于一般的纯技术、纯理论的书籍，本书不仅介绍了"引导技术"的理论框架及背景，还介绍了与之相关的各种管理模型和技巧，更让人感动的是谷雄老师一点也不藏私，对这些理论、技巧通过他亲自操刀的研讨会案例做了详尽的描述，以便读者从理论到实践真正掌握这门技术。

"引导技术"能够适用的场景很多，不仅适用于工作场景，也适合每个人将之用于日常生活中的一些情境中。所以，每个对这门技术感兴趣的人都可以通过阅读本书来了解、研习。虽然引导技术是一门专项技术，但谷雄老师力求用最通俗易懂的语言，深入浅出地介绍，让读者们免于陷入被术语缠绕的困境，轻松理解其中的奥义。

现在流行的观点是"管理说到底就是如何给别人赋能"，而引导技术正是关于"赋能与激活"的技术。愿大家能从张谷雄老师的这本书中了解、学习引导技术并学以致用。我想一位优秀的管理者也一定是一位优秀的引导师，是企业中、生活中的赋能者，不断"激发能量、汇聚能量、传递能量"，助人，助己！愿你我共勉！

景瑞地产总裁

徐海峰

自序

在这个时代，唯一不变的就是变化。

面对内外部环境的加速变化，很多问题的解决方案没有太多的成熟经验可以借鉴，也没有太多的先进标杆企业可以学习，只能依靠群体的智慧共同去思考和探索。如何有效、高效地组织群体研讨，引导技术的重要价值越发凸显。

引导技术是继教练技术之后又一个盛行的管理方法，在企业管理领域颇受欢迎，被众多企业高管追捧。其核心要领是**激发能量、汇聚能量、传递能量**。引导技术不仅是高效催化各种会议产出的密钥，也是解决企业管理中各种难题的良方，如推动高管共识、提升组织效能、促进团队融合等。近年来，一些领先企业的管理者积极尝试引导技术，既对企业管理进行了多维创新，又极大地提高了其在组织内的地位和影响力。

引导技术主要应用于以下两种场合。一种为特定场合，英文为"Workshop"，有人译成"工作坊"，也有人译成"研讨会"。为了便于区分，我们把一天以内的"Workshop"称为"工作坊"，把一天以上的

"Workshop"称为"研讨会"。在这种特定的场合，一般由专业引导师进行引导，激发参与者积极思考、相互激发、有效总结，以实现研讨会的目的。另外一种为日常管理场合，一般由管理者本人作为引导师进行引导，也有企业会请HRBP（人力资源业务合作伙伴）帮忙进行引导，主要的参与者为本部门或本团队的成员。

由于顾问职业的缘故，我本人引导了超过200场特定场合的研讨会，同时一直以来担任管理者。尤其是近几年，我出任高科技教育公司的CEO，运用引导技术解决管理中的问题时常有之。在此过程中，我和团队不断实践、总结、修正，再实践、再总结、再修正，提炼出一套行之有效的与引导技术相关的理论体系，并凝结成《激发：引导技术与引导式管理》一书。

有人曾问过我一个问题：作为一名引导师或引导式管理者，最重要的一点是什么？这个问题我思索良久，也曾有过不同的答案。时至今日，我可以很坚定地给出一个答案："相信相信的力量。"

相信个人。相信每个人都是聪明的、智慧的，有能力且有意愿把事情做好；相信每个人的想法都有价值，不论其职位高低；相信参与者对自己参与制订的计划更有承担的意愿；相信参与者会对所做出的决定承担责任。

相信团队。相信集体可以比个人做出更好的决策；如果提供合适的工具和流程，相信参与者能够解决彼此之间的矛盾和冲突；如果设计得合理，相信团队的互动过程一定可以取得成果。

　　这本书的问世，经历了不断的修正、反复的修改、细节的斟酌，是一个漫长的创作过程。直至出版，我们一直秉承"精益求精""实操有用"的原则。在这个过程中，很多伙伴付出了非常辛苦的劳动，贡献了众多闪光的智慧。在此，非常感谢公众号"引导技术与引导式管理"运营团队中的刘畅、高亚茹、王嘉康、刘鹏举、李晨曦等引导师在出书过程中的思想碰撞、灵感激发、尽心研讨和无私贡献。

　　最后，希望本书能给广大引导师和管理者带来一些帮助和启发！

张谷雄

2019 年 3 月

目 录
Contents

引入篇

Facilitation
and Facilitative
Management

初识引导技术

▼／ 第一章
引导师与引导技术

☑ 两位职场精英的困惑

胡嘉是一位培训讲师，曾就职于多家知名企业。从业十余年，他具有丰富的培训经验，在所从事的行业里可谓游刃有余。可是他从未停止学习的脚步，经常前往各大知名院校，拜访权威教授，学习相关课程，不断完善自己的知识体系和授课方式。胡嘉集众家所长，并融入自己的经验与思考，逐渐打造出名为《营销三大绝招》的独家课程，其理论架构清晰，知识体系健全。这门课程倾注了胡嘉的很多心血，其丰富实用的课程内容很快受到参与者们的欢迎，并在各个企业推广，胡嘉因此接触到了越来越多的企业，也走进了更多的企业大学给员工培训。然而，除了鲜花与掌声，随之而来的还有一些困惑：

- 参与者反映他上课讲的内容很好，但是不知道如何落实到业务中；

- 在培训课堂中互动很好，但他不清楚参与者真正领会了多少知识；

- 他在课上面对参与者的挑战，开始感到知识枯竭、力不从心。

渐渐地，以往那个神采奕奕、自信满满的胡嘉在讲课时也变得不那么有底气了。于是，他开始搜寻相关信息，偶然听闻了"教练技术"。教练技术是一项通过改善被教练者心智模式来发挥其潜能和提升效率的管理技术。与传达知识信息、将答案告知于人的老师不同，教练通过提问来引导被教练者自己寻找答案；教练也有别于拥有专业知识、能分析现象并提出解决方案的咨询师，教练是一面镜子，让被教练者自己通过镜子看到现象；教练和顾问、导师也存在很大差异，顾问和导师往往以专家的立场进行单向沟通，而教练身为被教练者的伙伴与之进行的是双向沟通，这就需要教练具有较高的同理心，在教练的过程中一定要坦诚相待。

胡嘉开始思考：既然培训是知识的普及与传授，而教练又并非单纯地直接给出答案，而是通过启发式的交流帮助被教练者找到答案，那么教练也许就是行为落地的"解药"。如果把培训和教练技术结合在一起，胡嘉的问题是不是就会迎刃而解了呢？于是，胡嘉在培训过程中开始应用教练技术，渐渐发现其效果不错，于是进行了课程升级，《营销三大绝招2.0》应运而生。这门课程由于结合了不同的技术，一经推出就受到了一些企业的青睐，胡嘉也因此重拾久违的成就感。但是没多久，胡嘉又发现了新的问题，他在培训实战中看到了教练技术的局限性。

- 教练技术用于一对一时效果明显，但教练对象是群体或者多人时，效果就有些差强人意。尤其是企业面临的问题更多地涉及多人如何做决策，面对复杂问题时往往需要集中讨论，而教练技术过于依赖一对一的反馈。

● 教练技术中的被教练者缺少主人翁意识，在教练的过程中往往缺乏主动性。

面对新的困境，胡嘉又产生了新的困惑：除了知识的普及和应用、与参与者的互动外，参与者的主体感怎么提升呢？情绪和能量又如何更好地融入培训的过程乃至迁移到工作中呢？

一个偶然的机会，胡嘉认识了"饺子哥"[1]，了解了"引导技术"。"饺子哥"运用引导技术主持过近 200 场中高层研讨会，并总结提炼出一套行之有效的与引导技术相关的理论体系。胡嘉向"饺子哥"讲述了自己的困惑，他们一起讨论胡嘉遇到的问题。在这次探讨中，"饺子哥"关于引导技术的介绍仿佛为胡嘉打开了新的一扇窗，也正是这次深入的探讨对胡嘉未来的职业发展起到了关键性影响。

引导技术解开了胡嘉培训实践中的一大困惑，教练技术和引导技术都是通过激发他人而实现一定目的的专业技术，但是教练技术常用于个体场合，而引导技术更多地运用于群体场合，这正好是之前困扰胡嘉的问题。学习了引导技术之后，胡嘉很快将其应用到培训中。在某公司销售部门展开的一次培训中，他发现参与者都有着强烈的参与意识，也会自主地表达自己的想法，并且能够融合、总结、提炼知识内容，进而形成实际行动计划。另外，参与者们既有参与感又有拥有感，并且具备付

1："饺子哥"即本书作者张谷雄。

诸行动的能力，因此使业绩得到了显著提升。胡嘉再一次体会到身为培训师圆满完成培训计划后的成就感与自豪感。引导技术为他的职业发展之路点亮了一盏明灯，胡嘉也渐渐从培训师向引导师转型。

李枫是一位企业管理精英，名校毕业后在外企任职，因为能力出众而被高薪挖到现在的公司做部门主管。作为"空降兵"，李枫在新团队的管理中遇到了不小的挑战，这些挑战来自部门3位个性十足的下属。其中一位是公司的"老员工"王兵，王兵在公司工作了几年，内部关系很好，业务能力也还行，大家原本以为主管的位置八九不离十会是王兵的；一位是通过校园招聘进来的90后应届毕业生赵宇，小组面试时他因具有不错的创意脱颖而出，是个很有主见的职场新人，但赵宇缺少职场经验，很多时候提出的方案都过于理想化、很难实施；还有一位是科研能力和逻辑思维能力都极强的博士工程师孙昭，他提的一些专业问题有时候让李枫都回答不上来。这3个人虽然经常让李枫头疼，但都极具潜力，如果能够各取所长、通力合作，他们必然会做出一番成绩。于是，李枫暗下决心一定要好好培养这3个下属，不辜负领导对自己的信任。

让李枫没想到的是在几次的部门会议中，这几个人都给他带来了不小的麻烦。赵宇有很多创意十足的点子，一说起来就滔滔不绝，可是经常遭到直言不讳的王兵的反对。王兵由于职场经验丰富，接触过各种各样的客户，他认为"赵宇就是个职场新人，过于天真，不了解客户心理和客户需求，提出的问题和制定的方案既宽泛又空洞"，言辞中不乏不屑之感。工程师孙昭是一个沉默寡言的人，能直击技术层面或者方案可行性上的漏洞，至于其他方面的工作，他经常是一副事不关己的态度，这让李枫感到为难。要如何让团队群策群力，真正激发出这几个人的潜力，同时提升团队的凝聚力呢？

李枫开始在网上提问并搜索相关信息。这让他接触到了"领导力"，这是一种充分使用人力和客观条件，以最小的成本办成所要做的事，从而提高整个团体的办事效率的能力。学习了一些领导力相关课程之后，李枫了解到面对不同的员工应该用不同的领导风格，单一的领导风格会挫伤组织气氛。李枫尝试将所学的知识应用到团队管理中，他与这3个人进行了一对一的谈话，开诚布公地表达了自己的想法，也对每个人有了进一步的了解，谈话进行得还算顺畅，取得了一定的效果，团队终于达成了初步共识。看到团队的进步，李枫感到欣慰，也为自己开心。

但是很快，李枫又面临了更大的挑战。公司高层给李枫安排了一个大项目，需要他协调人力部门、市场部门和研发部门共同完成。李枫刚和部门的伙伴们度过磨合期，业务上渐渐有了起色，又要和新的部门沟通接洽。在部门内部他是主管，员工们都挺尊敬他，基本都会听他指挥，可是面对其他部门时，他还有多少话语权呢？他要怎样表达自己的想法呢？开会时各个部门各说各话，难以达成共识，导致会议效率极低。李枫作为该项目的主要负责人，如何能将各个部门协调在一起，产生"1+1>2"的效果呢？李枫百思不得其解，自己的领导力还没有提升得那么快，要想统领这么多员工真不是一件易事啊！

经人介绍，李枫认识了"饺子哥"，了解到了"引导式管理"这个全新的概念。在外企任职的经历让李枫知道很多先进的管理技术和工具，引导技术于他而言也并不陌生。但是他所了解的引导技术往往用于工作坊中，他对如何将引导技术系统化地用于管理中却知之甚少。"饺子哥"是一家公司的 CEO（首席执行官），不仅在引导领域深耕多年，而且管理经验颇为丰富，他将过往引导技术的实战心得和管理经验结合到一起，发现二者会形成一个美妙的化学反应——引导式管理。"饺子哥"从如何领导小团队到如何统领大团队的两三句指导就让李枫如麻的思绪得以化解。之后，李枫的团队优势完全被激发出来，每个人都发挥着自己的优势——超前的思维、感性的认知、扎实的理论、流畅的逻辑等结合起来形成的倍增效应让李枫的部门几次被评为公司的"先进团体"。在多个部门通力合作的项目中，李枫也游刃有余地进行调动和安排，以激发每个部门、每个人的参与度，使项目最终完美落地。

究竟什么是引导技术？什么是引导式管理？如何成为一名合格的引导师？希望读者看完这本书后，不仅能回答以上问题，还能真正将引导技术用于工作实践中，同时让引导技术为自身的成长赋能。

☑ 揭开引导技术的面纱

上一节中，我们看到了两个案例中的管理者遇到的一些困惑，总结起来是以下几个问题：

- 课程与工作脱节；

- 知识难以转化为行动；

- 教练技术难以用于多人团队；

- 参与者缺乏主人翁意识；

- 管理者领导力不足；

- 会议难以达成一致意见。

这些问题在实际的管理过程中经常遇到。如果没有好的思路和方法，这些问题就如无源之水，难以通过练习和理论知识解决。有没有一种技术和工具能够破解这些管理者的难题呢？有没有一种培训和管理方法既能充分激发员工潜能又能落地呢？我们看到案例中的两位管理者最终都遇到了"引导技术"，并通过它解决了自己的困惑。那么，"引导"究竟为何物？它的魅力和奥秘又在哪里呢？

（一）何为引导技术

引导技术起源于 20 世纪 60 年代的美国，2000 年后被引入国内商业领域，应用也日臻完善。它是企业管理界继教练技术之后又一个盛行的管理方法，受到各类专业人士的喜爱，同时被企业高管们追捧。引导技术源于引导式教育，根据 IAF（The International Association of Facilitators，国际引导师协会）的定义，它是一门鼓励人们积极参与、激发人们归属感与创意的方式，是通过流程引领人们达成共同目标的艺术。本书推荐的定义是"基于某个设定的目的，对一个特定人群激发能量、汇聚能量和传递能量的过程"。引导技术的核心要领是**激发能量、汇聚能量、传递能量**。引导技术不仅能高效催化各种会议产出，还能有效解决企业管理中的各种难题，如推动高管共识、提升组织效能、促进团队融合，同时也成为众多人才发展项目卓有成效的秘诀所在。

在引导技术中，引导师是一个关键的角色。一场研讨会能否发挥最大的功效，引导师的角色至关重要。一名引导师的主要职责是通过设计和引导结构化的过程，协助一个团队更加有效地互动，达成高质量的决策或共识。其主要目标就是支持团队实现它们的目标，其核心价值是激发能量、汇聚能量、传递能量。

（二）引导技术和教练技术有何不同

"教练技术"源于体育，在 20 世纪 80 年代的美国，"教练"被引进企业管理领域。美国通用电气公司（General Electric Company，简称 GE）前 CEO（首席执行官）杰克·韦尔奇有一句名言："一流的领导首先是一名教练，而伟大的领导必然是伟大的教练。"关于教练技术的定义有很多，ICF（International Coach Federation，国际教练联合会）给出的定义："教练是帮助个人更快地发展及创造更多优秀成绩的互动过程。"本书推荐的定义："一种通过促进他人学习和发展，从而提高绩效的过程。一个成功的教练，需要知道并理解整个过程以及适用于不同教练环境的各种风格、技能和技巧。"

"引导技术"源于引导式教育，20 世纪 20 年代，由匈牙利学者 Peto

András 不断探索后创建，后来被引入企业管理领域，慢慢发展为引导技术与引导式管理。

因此，教练技术和引导技术都是通过激发他人而实现一定目的的专业技术。这两者在实施的过程中有以下 4 个共同点：

● 教练和引导师都需要拥有较高的同理心，能够设身处地地站在被教练者或被引导者的角度思考问题和体会对方的感受；

● 教练和引导师都要有"看人之大"的信念，相信他人或团队能够通过自身的智慧和能力解决问题，并且愿意为此负责，相信被教练者和被引导者能够遵守承诺、愿意改变；

● 教练和引导师都要"焦点在外"，将注意力和关注点放在被教练者和被引导者身上，用心和专心地帮助对方；

● 教练和引导师都要掌握一定的专业技能，例如，教练要掌握 GROW 模型、Z-score 模型等基本方法，引导师也应该掌握开放空间、世界咖啡屋、研讨会设计、GZ 模型等基本方法。

教练技术与引导技术的差异主要是因为其使用场景不一样所致，教练技术常用于个体场合，而引导技术更多地运用于群体场合。由于二者的使用场合不一样，所以对教练和引导师的要求也相差甚远，主要体现在以下 6 个方面：

● 引导师需要一定的管理知识积累和被引导者所处行业知识的积累，而对于教练来说，此方面的要求并不是太高；

● 教练需要在教练过程中善于提出启发式的问题，而引导师除了能够提出启发式的问题外，还要能够给出一定的洞见和专业建议；

● 教练技术偏向于帮助被教练者的自我提升，而引导技术更多地应用于群体决策、复杂问题解决等场景；

● 教练过程没有特定的目的，只是随着过程的推进，共同探索和创造一些可能性，因此教练在实施教练技术前不设置固定的目的和产出，而引导师在设计之初是有其目的的，并且其引导的过程和内容是有一定的指向性的；

● 教练在实施教练技术前没有固定的议程，而引导师的议程是在正式引导前设计好的，并且设计的主线除逻辑线以外，还要注重情感线；

● 在教练的过程中，教练与被教练的互动是主体，而在引导的过程中，除了引导师与被引导者外，被引导者之间的互动也是重要的组成部分。

由此可见，引导师所处的场景和所面临的环境与教练相比更为复杂多样，这对引导师提出了更高的要求。

☑ 初识引导师

"古之学者必有师。师者，所以传道授业解惑也。"不管是培训师还是引导师，大多数时候他们都会被称为老师。为什么被称为老师？本质上，培训师和引导师所承担的职责在大方向上与"传道、授业、解惑"是一致的。

现如今，无论是培训师还是引导师，他们在一般情况下都是服务于企事业单位的。此时，我们不妨来思考或者回顾一下，对于企事业单位来说，为什么要举办培训或研讨会？这个问题的答案大概有以下3类。

第一类，提升组织的人员能力（软性＋硬性），进而提升组织绩效。大部分企业会按照组织中人员的层级来划分职场技能，如高管、中层、基层会对应不同的内容。还有的企业会按照岗位所需专业技能的不同进行区分，如设计类、财务类、计算机类、销售类技能等。除此之外，还有一些通用类的职场技能，如PPT制作、Excel课程等。

第二类，解决组织的实际问题。例如，提升团队的影响力、人力资源重点工作梳理、市场活动策划等。

第三类，实现组织的变革创新。例如，组织诊断、企业战略梳理、企业文化解码等。

以上3类有一些是培训师无法交付的。例如，培训师经常会在第一类场景中出现，而引导师通常会在第二类和第三类场景中出现。但不管我们做培训师还是引导师，都要以终为始，要清楚目的是什么，这样才可以保证培训或引导的效果。

培训师和引导师的差异在于前缀"培训"和"引导"的不同。培训（Training）是给有经验或无经验的参与者传授其完成某种行为必需的思维认知、基本知识和技能的过程。引导（Facilitation）是基于某个设定的目的，对一个特定人群激发能量、汇聚能量、传递能量的过程。培训师和引导师主要有以下3个方面的差异。

差异一，人数规模的差异。培训师交付项目可以从几十到几百人，引导师交付项目一般不超过 200 人。

差异二，教学模式的差异。培训一般以老师为中心，而引导大多以参与者为中心。当然，现在也有很多培训师在课程中加入了互动体验环节，慢慢让参与者参与其中。但是引导师更加注重整个过程中"知、行、悟"一体，且更加强调"悟"的过程。

差异三，素质要求的差异。优秀的引导师可以是优秀的培训师，但是优秀的培训师未必是一名优秀的引导师。一名优秀的引导师需要坚守两个重要的信念，即相信他人和相信团队。除此之外，优秀引导师还需要具备 5 项能力：控场能力、激发他人的能力、总结提炼能力、情绪管理能力和保持良好用户界面的能力。

那么，培训师向引导师转变的关键是什么呢？

第一，身份认知。对自己身份的认知和认同是能否向引导师成功转变的关键。这里强调不仅要认知，而且要认同。这并非凭空臆造，其背后有理论支撑，即 1991 年由罗伯特·迪尔茨整理提出的 NLP 思维逻辑层次模型，如图 1-1 所示。

该模型分为 6 个层次——精神：Whoelse（还有谁）；身份：Who am I（我是谁）；信念、价值：Why（为什么）；能力：How（怎样做）；行为：What（做什么）；环境：Where and When（何时、何地）。能力、行为和环境被称为低三层。精神、身份和信念被称为高三层。低三层我们会经常意识到，高三层我们很少刻意去思考，往往会忽略。但是大多数时候，

我们会被高三层所主宰。也就是说，低三层其实是高三层在具体的实际工
作和生活中的反映。这就是为什么我们对身份的认知和认同是关键的原因。

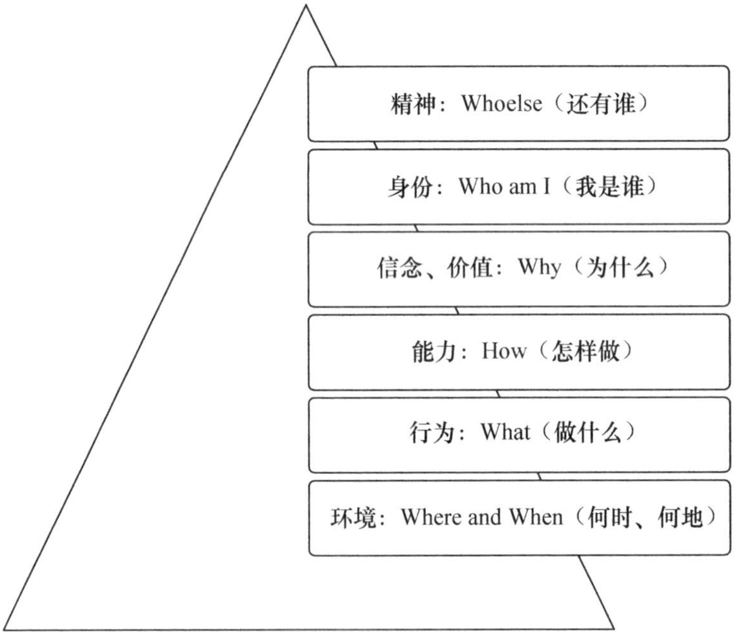

图 1-1　NLP 思维逻辑层次模型

第二，做到冲击启发。传统的培训比较注重理论知识的传输，而引
导是"知、行、悟"一体，更加强调"悟"的部分，"悟"的部分需要
引导师能给参与者带来强有力的启发。引导师需要通过引导技术和认知
光谱来激发参与者的潜力。其中有两个核心点：一是提出高质量的问题；
二是具有洞察力的点评。如何提出高质量的问题？引导师要有深厚的知
识沉淀，平时要有意识地思考联系。在洞察力方面，引导师要对人性有
深刻的认识，这也是目前每位引导师需要修炼的部分，或许需要更多的

经历来补足。研讨会本身的环节设计可以让参与者感受，但引导师在过程中的提问和点评会激发参与者的反思与成长。

引导师的成长其实是一个漫长而具有挑战性的过程，很多人没有做好十足的心理准备，往往因半途而废导致前功尽弃，这对自己、对社会都是一种重大的资源浪费，因为成为一名优秀的引导师从起步到合格需要 5 年甚至更长的时间。在回答谁更适合做引导师这个问题之前，我们先来看看谁不适合做引导师。

我认为有 3 类人是不太适合做引导师的。

第一类，功利心太强的人。 功利心太强的人往往容易急于求成，而很多引导的过程是需要慢慢激发、循序渐进的。引导师如果急于求成，就想在特定的时间内达到想要的结果，但是引导的过程需要循序渐进，尤其是研讨会中的一些关键产出，就像做饭一样，只有小火慢炖，才能炖出美味可口的滋补高汤，得到实质产出。例如，在研讨会的前期，引导师要进行一个环节——Check in，即澄清团建目的，做好期待管理。Check in 在每场研讨会开始前都是必需且必要的一个手段：一方面，Check in 可以帮助参与者快速进入状态，从之前的场域中快速转换到当前的场域中；另一方面，Check in 可以帮助引导师汇聚关注，集中参与者的注意力，开启激发思考的篇章。在 Check in 这个环节中，引导师常用的一个方法是期待管理，即让参与者说出今天的期待，这个环节的关键在于引导师要做好归纳总结和反馈，对参与者抛出的期待和问题要给予恰当且充分的回应。

关于总结概括和反馈的技巧，在本书后面的章节会详细谈到。

除了需要循序渐进外，研讨会中很重要的一点是参与者之间的思想碰撞以及引导师引导参与者进行深入思考。如果引导师急于求成，只奔着结果，得到的往往会是比较浅显的结果。例如，研讨会的议程定的是 12 点午餐，而引导师看到时间不多，为了赶进度而快速走一遍流程，结果导致每个环节都不深入，这反映了引导师控场能力的不足。关于控场能力，我们也会在后面的章节中详细谈到。

此外，功利心太强的人也往往容易有区分心，区分心太强就容易在引导的过程中忽视掉一些表面看起来不重要但其实挺重要的隐性信息。在研讨会现场，我们经常会看到某个场域中的部分参与者口才比较好，表现得比较灵光、比较活跃，能吸引大家的关注，这种人往往会成为场域中的意见领袖。区分心很重的引导师比较容易被意见领袖吸引走大部分的关注度，从而导致其他人的参与度不高。区分心过重的人会对某些偏爱的人更加偏爱，对不喜欢的人则容易忽视冷落。而引导师和教练很大的一个区别在于引导师要启发场域中众人的能量，而不是一个人的能量，因此引导师要做到对待万事万物都可以不去分别，不去批判，以平常心看待一切。

第二类，私心太重的人。这类人往往注重自己的个人得失，在心理上很看重自身是否被关注。因此，这类人在引导的过程中容易把能量场局限在引导师自己的边界内，在情绪被冲击或受到挑战时容易动作变形。私心重的人往往很看重自己在他人眼中的形象，看重自己的表现是否得体，这种心态可以理解。但是如果作为引导师，这种心态过重是很危险的，因为这种心态会导致引导师将关注点偏移到自身而非参与者身上。我们时刻不能忘记，引导师的职责是激发他人的能量，引导他人深度思考，并形成产出，对企业而言就是要让每场研讨会真正为客户带来价值。如果过多地关注自身，则很容易忽视参与者的一些言行表现，使引导师的能量不能随着整个场域流动。

另外，私心过重带来的一点恶劣影响就是动作变形。动作变形是体育竞技中常出现的词语，指的是一些体育竞技动作没有达到预期的呈现效果。例如，球类运动中的投篮姿势变形导致低命中率。在引导技术中，引导师的动作变形不是指引导师有什么手舞足蹈的肢体动作，而是指一些做法脱离了正常轨道。例如，当参与者对引导师不太认可时，引导师如果无法控制情绪，就可能会产生一种动作变形——消极应对——你不喜欢我，我也不喜欢你。还有一种动作变形较难察觉，是当现场气氛被烘托得很高昂时，引导师如果不能保持清醒，就会导致研讨会只产出了情绪高度，而没有思考高度，这样会使引导的效果大打折扣。应对私心，引导师要做到两点：一是始终保持中立理性的思考；二是做好情绪管理。引导师应该如何做好研讨会现场的情绪管理，我们在后面的章节中也会详细讲解。

第三类，太自我的人。西格蒙德·弗洛伊德在精神分析理论中提出"自我"的概念，认为人的精神结构由本我（Id）、自我（Ego）、超我（Superego）3个部分组成。本我由本能驱动的底层欲望组成，超我是人格结构中的道德理想部分。本我和超我就像两头向相反方向撕扯的猛兽，一边追求享乐，另一边遵循道德。在这场心理拔河中，自我身在其中，平衡着这两种倾向，在不违反社会道德的情况下尽量满足本我的需求。由自我引申出来的一个词是以自我为中心（Egocentric），我们说有的人太自我，指的是他倾向于以自我为中心。太自我还有另一种用词——傲慢。

傅佩荣教授在《自我的觉醒》一书中提到，自我和傲慢连在一起，叫自我膨胀，即会忘记自己是谁。傅教授认为社会上存在 5 种傲慢态度，如图 1-2 所示，一旦陷入这些傲慢态度中，就很难去思考自我还有什么开发的机会。

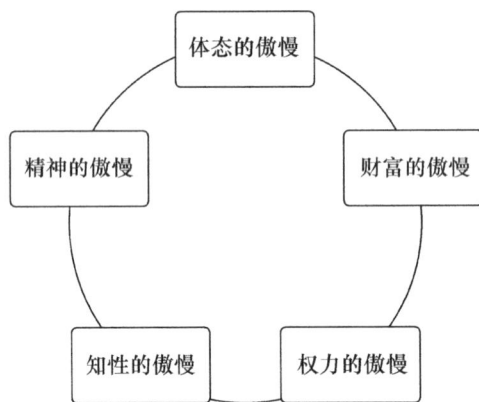

体态的傲慢

精神的傲慢

财富的傲慢

知性的傲慢

权力的傲慢

图 1-2　阻碍自我成长的 5 种傲慢

阻碍自我成长的 5 种傲慢分别是体态的傲慢、财富的傲慢、权力的傲慢、知性的傲慢、精神的傲慢。

体态的傲慢指的是因为健美的体态或者美好的皮相而产生的傲慢；财富和权力的傲慢比较好理解，即仗着丰厚的财富或者手握重权而觉得高人一等，前者往往财富难以传承积累，后者甚至可能步入以权谋私的犯罪深渊；知性的傲慢一般出现在一些学历比较高的人中，他们倚仗自身在某方面的知识水平高于他人而产生一种清高的姿态；精神的傲慢指的是一类人经常处于一种自以为"众人皆醉我独醒"的状态，自觉精神层次高于其他人而俯视众生。

这5种傲慢都是自身成长的绊脚石。众多企业的高管往往可以分为两种类型：一种是事业有成后趾高气扬；另一种是事业有成后反而谦逊有加。前者往往在事业中到了瓶颈期，当然没有可能成为一名优秀的引导师。太自我的人往往比较自负，这样在引导的过程中很容易与被引导者发生显性或隐性的冲突。

其实功利心、私心和自我是人之常性。在这3个方面，每个人都或多或少会有些痕迹。我们说的不适合是指极端的情况，功利心过强、私心过重、太自我都是很可怕的，尤其对于成为优秀的引导师来说。但有这3种"毛病"的痕迹并不可怕，最关键的是要有自我发现问题的意识并不断地自我修炼，不要让这3种倾向走向极端。成为一名优秀的引导师的过程也是人生不断修炼的过程。

那么，优秀的引导师是什么样的呢？优秀的引导师都有共同特征，如图1-3所示。

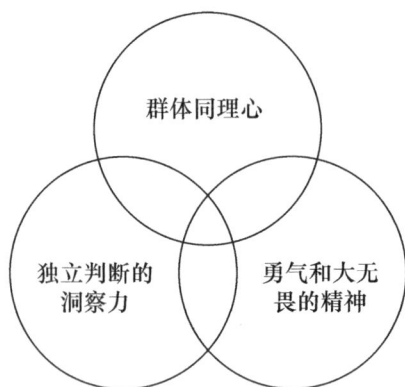

图 1-3　优秀引导师的共同特征

首先，优秀的引导师要有很强的群体同理心。群体同理心与个体同理心有较大的差别，我们平常讲的同理心更多地指个体同理心。所谓群体同理心，是指在与一群人互动的过程中，引导师能够较敏锐地感知到不同人的情绪并在众多的情绪中找到合适的连接点，借此激发群体能量并有效地汇聚，简而言之就是能够领会在场不同人的情感需求。例如，当你说的一句话激发了大家的愉悦之情时，你能从参与者的情绪表现中感受到有多少人在情绪上是和你有连接的，这一点非常重要，因为这种群体同理心是和参与者建立友好信任关系的前提。我们发现一个群体同理心比较高的人往往交往的朋友也是多样的，其兴趣也是繁杂而有序的，他在与不同领域的朋友交往时都能有所收获。

其次，优秀的引导师要有很强的独立判断的洞察力。在研讨会引导的过程中往往会出现不同的现象，而这些现象既有真相也有假象，因此需要引导师能够综合多方面的信息，快速判断现象背后的原因，并且不受在场的权威或者意见领袖的影响。引导师绝不是空手套白狼，而是需要敏锐地捕捉信息，层层破解信息，直指事物的本质，这就需要引导师平常多积累、多思考，构建起过硬的知识体系，并不断地完善和修正自身的知识体系。

最后，优秀的引导师还要有勇气和大无畏的精神。 在研讨会引导的过程中往往会遇到各种冲突和挑战，一个优秀引导师的价值绝不是去化解冲突，而是要勇敢地揭示冲突背后的真相，从而使参与者能够从多种视角看到真相，再进一步引导其接受真相。这个引导过程的发生需要引导师有莫大的勇气和底气。在企业中，真相往往都是比较扎心的，引导师必须有勇气揭示真相，更要有底气、有实力引导参与者帮助企业解决背后的问题。解决问题的答案并不在引导师的脑子里，而是在参与者的智慧迸发中。引导师的职责和价值就是要激发参与者的智慧和能力，引导团队群策群力。

▼／ 第二章
引导技术的应用场景

☑ 六大职场常见难题如何突破

通过第一章的介绍，我们对引导师和引导技术有了初步的认识和了解。以使用得当为前提，引导技术可以成为工作中的管理利器。这把"利器"尤其适用于一些应用场景，在这些场景中应用引导技术可以起到"化难题为传奇"的神奇作用。具体是哪些场景呢？我们可以通过 6 个小故事一窥究竟。

故事一 ┈┈┈┈┈┈┈┈┈┈┈┈┈┈┈┈┈┈┈┈┈┈┈┈┈┈┈┈┈┈┈┈┈┈┈┈➤

林彬今年 38 岁，正值年富力强的黄金时期。研究生毕业后，他便进入了一家一线地产集团的财务部门工作。经过多年的打拼，林彬一步一个脚印地走向了高级经理的岗位。在过完年刚开工的一个上午，林彬的手机突然响了起来，原来是一位有过几面之缘的猎头打来的电话。没寒暄几句，对方便切入了主题："林总，您背景这么优秀，在这边也做了十多年了，有没有动一动的想法啊？"

换作以往，林彬和对方交谈几句，也就顺水推舟转移话题了。偏偏这一回，林彬想到自己在高级经理的位置上原地踏步了3年，也拿不准自己近几年会不会有晋升的机会，就多问了猎头几句。

原来是一家小有名气的区域性地产公司刚发生了人事变动，财务总监的岗位出现了空缺。林彬对这件事情倒是有所耳闻，但是没想到猎头竟然找到了自己。抱着试一试的态度，林彬也就答应了。面试一路绿灯，管理层也很赏识林彬的背景和才干，给出了一份丰厚的薪酬。

做完工作交接，林彬立即上岗。上任第一天，听到自己被介绍为"林总"，林彬半天没有反应过来，但他暗暗下了决心："我林彬也有做林总的一天，一定要在这里做出一番事业。"简单了解了部门的情况之后，林彬立刻找出自己老东家的制度，在第二周的例会上宣布要进行改革。会上，一位元老级员工刚开口汇报工作，林彬立刻打断他："你这样的方案根本不行，太落后，品质太差，重新做！"

没几天，林彬便发现自己"先进"的改革很难推行下去，工作中也常常碰到下属的软钉子。林彬不由心生困惑："改革怎么就这么难呢？"

林总的故事让我们看到高管空降面临的重重困难，这既是机遇也是挑战，是空降成功还是就此陨落？新的环境、新的人际关系，如何应对又应该如何处理？想必正确的引导将事半功倍。林彬一心扑在如何进行大刀阔斧的改革内容上，却忽视了改革的方式方法，甚至忘了反思自己身为空降高管的角色与职责。

故事二 ➤

赵士然毕业于一所知名大学的人力资源专业，在人力资源部门内部轮岗半年之后，最终选择了培训模块，这源于她从小的教师梦。做培训工作并不轻松，赵士然从最开始"打杂"的培训助理开始，一步一个脚印学习各种培训技术。5 年过去了，她在培训领域已经可以独当一面。

刚刚过去的第三季度，产品开发进度没有达到预期目标。谁知在公司例会上，开发部门总监轻描淡写地汇报："最近新进的人员比较多，相应的人员培训没有跟上。"听了这话，总经理让人力部门尽快和开发部门对接，进行一次人员培训。

散会后，人力资源总监找到赵士然："小赵，开发部门的培训你都是怎么做的？有跟进落地效果吗？"很少见到领导发火的赵士然立刻行动起来，去开发部门调研。经过培训需求分析，她发现开发人员之间的沟通不畅，拉低了整个开发部门的工作效率。最终，她确定了 3 场有针对性的"人际关系技能"特训。

具体应该怎么做呢？赵士然想到了最近刚学习的"游戏化教学"，希望通过强互动性的角色扮演方式进行"人际关系技能"的培训，让同事们在体验中学习处理人际关系的技巧。她很快就做好了设计，写出了方案，这种新颖的方式也获得了总经理的首肯。赵士然经过精心准备和策划，期望本次培训能够顺利落地，达到预期的效果。结果在第一场特训落地的过程中就遇到了"事故"。原来，一位姓张的资深软件开发工程师专业素养高、业务水平强，但性格内向，平时常常独来独往，不擅长与他人接触，在培训的过程中，他感到十分别扭，难以融入角色。尤其在看到其他同事很享受这种互动式培训带来的体验时，这位姓张的参与者更加不知所措了。赵士然无论做什么也无法调动其积极性，因此严重延误了培训的进程。不仅如此，原本很投入的同事看到这位参与者的态度，也纷纷出戏，沉浸感被破坏，致使特训效果大打折扣。

做完培训，小赵心里堵得慌，第二场和第三场还要不要做？谁可以帮她救救场？

无疑，小赵只是企业中无数培训师的一个缩影，但她面临的困境却反映了诸多培训工作中真实存在的弊病。各个行业都会开展员工培训，一场好的培训可以为企业带来很大的效益，例如，员工技能的提高、团队凝聚力的提升，甚至是员工对企业的归属感及对企业文化的认同感的增强。然而，只注重形式的培训不但浪费时间、耗费人力，还可能在无形中打消员工的积极性、降低员工的参与度，使员工产生排斥培训的情绪，形成恶性循环，最终导致企业难以开展其他各项与培训相关的活动。幸好小赵没有忽视培训过程中产生的问题，她及时发现并找出了"格格不入者"，也觉察到了培训群体参与度的削弱。为了改善员工培训的流畅体验，小赵应当如何引导之后的培训环节呢？或者说，为了使员工培训的整体效果达到最优，相关负责人在开展培训的过程中应当怎么做才能规避类似于小赵面临的问题呢？

故事三

刘海轩在大学期间学习的是软件工程专业，毕业后被保送至国内知名大学进行硕博连读。攻读博士期间，他同时在一家教育集团当起了兼职培训老师。天资聪慧的他，第二年就晋身为集团的金牌名师。身跨教育与计算机专业的刘海轩，很快引起了集团高层的注意，在刘海轩博士毕业后，公司用丰厚的待遇力邀他加盟。几年之后，刘海轩一路高歌猛进，被派往一所省会城市的分校担任校长。

不久之后，集团开始布局在线教育，刘海轩成了新板块负责人的不二人选。刘海轩在集团内部和自己的老同学中招募了十几名精兵强将，带着集团的重托，进入了未知市场。此时，在线教育市场还是一片处女地，可参考的商业模式并不多，如何快速做出成绩，成了当务之急。

最初大家都在积极发声，努力献计，各种激进的想法总是被保守的刘海轩"扼杀"在萌芽状态。随着一次次无果的商业模式探讨，下属们都学会了看老板的脸色行事，会议渐渐变成了刘海轩的独角戏。从上而来的压力，其他板块同事们的议论，下属的貌合神离，都压在刘海轩的身上。在这种情况下，怎么才能破局？

新市场的开拓一直以来都是企业经营管理的重要策略，也是很多企业发展都会经历的阶段。新市场的开发意味着企业经营区域的扩大，意味着行业市场份额的提升，意味着企业知名度的提升和影响力的扩大。但是新市场的开拓也势必会面临巨大的挑战，伴随着各种风险。刘海轩急于在未知市场做出成绩，却未能摸清如何开拓新市场的脉络，没有提前认识到这些问题会导致其团队空有其壳。到了这种地步，该如何驱散队员的消极情绪呢？如何重塑团队使其协同作战，一起挑战不可能呢？士气大减的刘海轩又要如何调整心态呢？

　　企业要想开拓新市场，需要智慧，需要策略，更需要正确的引导方式。如果没有及时有效的引导，又会引发什么样的问题呢？

故事四 ━━━━━━━━━━━━━━━━━━━━━━━━━━▶

　　S出版社是一家历史悠久的大型综合出版社。如今图书市场竞争残酷，S出版社由原来风生水起、旱涝保收的事业单位转制为自负盈亏的企业，效益也越来越差。领导明显感到员工越来越没有凝聚力了，归属感也不强，混日子的安逸情绪十分严重，于是决定召开企业文化梳理会，以期通过企业文化的再建设，激励员工并打造全新的企业形象和文化氛围。在会议上，领导一再强调"理念"和"文化"，要求员工牢记"读者体验""创新学习""合作共享""效率优先"的16字企业文化口号，相关标语也派发下去要求员工贴在随处可见的地方。

　　文化建设的"仪式感"十足，可是效果并不显著。每次例行会议时，员工们依旧没有斗志昂扬的激情；日常的工作也没有体现出企业文化价值观；迟到早退、责任推诿的现象依然严重。领导觉得企业文化根本不像其他人说的那样神奇，至少在出版社根本无法起到隐性指导员工的作用。于是领导开始重新思考，是不是自己的做法哪里出了问题？可是这些做法都是企业文化建设的惯用做法，会是哪里出了问题？又怎样才能激发起出版社员工的斗志？问题接踵而来。

在当前的企业管理中，企业文化是一个越来越响亮的名词。然而在企业文化管理热的背后却是企业文化管理理论和实践上的种种误区和盲目行为。例如，在上述例子中，一味灌输思想和理念，效果往往适得其反。文化梳理不仅意在对企业成员个体的思想和行为起导向作用，而且也要对企业整体的价值取向和经营管理起导向作用。企业文化梳理会就是正确引导企业员工，使其从内心产生一种高昂的情绪和奋发的进取精神，使企业文化真正成为企业管理的隐形之翼。

故事五

Z公司是一家高科技金融公司，依托白文武总经理、李泽副总经理等几位创始人强大的金融行业背景和社交圈，自主开发了一套在线金融资产交易平台，经过一段时间艰苦的市场开拓环节，现在已经有了成熟和稳定的金融机构合作伙伴。在线金融资产交易平台的估值日益上升，很快就到了"守江山"的阶段。

由于出身于金融系统，白总在经营理念上偏于保守，喜欢事无巨细地指导下属。于是，每周一的例会成为大家最难熬的 2 个小时，大家生怕工作汇报触怒了白总。时日一长，员工们也已经适应，形成了保守的行事风格，开始循规蹈矩地按照已有的模式工作，当初开拓市场的创新和拼搏精神日渐萎靡，"当一天和尚撞一天钟"成了 Z 公司众多员工的常态。

在进行半年度工作总结会议时，白总惊讶地发现，公司居然没有新接入一家新的合作伙伴，交易量增幅也仅有 13%，远低于预期的 25%；由于市场费用高昂，利润竟然是负增长。白总要求各部门负责人给出解决方案，却没有一个人发言。会场沉默了 10 分钟，李泽副总说："先散会吧，大家回去考虑考虑，明天我们再开个会商量一下。"

第二天，这个会要怎么开呢？

了解公司的战略方向和价值定位，并在总结成功经营和管理的基础上，明确公司未来发展目标的战略研讨会具有重要意义。缺少清晰的企业战略目标，部门及个人就无法将自己的目标与公司战略相联系，也无法有效传递市场压力。可是部署战略绝非易事，白文武和李泽身为公司带头人却未能及时发现公司的非常态，员工们更是有苦难言，如此状态下的战略研讨会若不能得到及时有效的引导，这颗冉冉升起的行业新星怕是还没有绽放出本应有的光芒就要坠落。

故事六

某杂志社编辑部昨天就新一期的选题展开了激烈的讨论，编辑部的编辑们都是 20 多岁的年轻人，大家认为杂志应该真正贴合现在年轻人的关注点，提议从微博热搜、微信、各大新闻网站点击率高的文章中提炼热点选题。点击率最高的几乎都与政治有关，赵主任也很认可大家的选题，于是兴致勃勃地把大家讨论的选题上报给社长。结果社长认为这些选题太敏感，予以全盘否决。于是赵主任又召集编辑部的同事们重新讨论选题，为了让领导的意思传达得更直接，顺便也邀请社长一起参加。编辑们知道社长全盘否决编辑部的选题，非常沮丧，无心再来一次头脑风暴。在会议中，大家也不愿意多发言，表现得非常沉默。赵主任其实也很认可昨天总结出来的选题，只是想要改变社长的想法可谓难上加难。赵主任苦恼于该如何打破僵局，如何打破社长的思维模式，如何激发编辑们的讨论热情。

可见，日常会议如果不能达成有效及时的沟通，哪怕只是一个选题的讨论都会钳制住员工灵感的迸发和思想的碰撞。赵主任既要考虑到社长的全局观，又要照顾各个编辑的情绪；既要在选题上有所突破，又不能将杂志社推向风口浪尖；既要试图打破社长固有的陈旧思维模式，又不能让社长感受到被冒犯。如果不能得当地处理之间的各种关系，选题会的效果必然会大打折扣，赵主任更有可能两头落埋怨，费力不讨好。其实日常的很多会议都面临一个接一个的两难困境，如何取舍成了重中之重。其中的复杂关系如何调配，又该如何引导呢？

以上案例所代表的各式各样、错综复杂的问题，正是引导技术能够出色应用的场景。研讨会这种方式日益成为企业管理的重要手段之一，很多企业争相引进，尤其较多地运用在民主决策、思想共识、头脑风暴等场合。研讨会根据其内容的不同可以分为战略澄清与共识研讨会、战略解码研讨会、组织诊断研讨会、领导力提升研讨会、企业文化研讨会、组织结构研讨会、业务复盘研讨会、人才盘点研讨会、创新思维研讨会、变革管理研讨会等。

☑ 引导技术应用的高风险场景

引导技术如果使用得当，就能够成为管理者的"隐形之翼"，但是引导技术也并非"万用灵药"。在一些情境中，引导技术要慎用。引导技术应用的高风险场景有 3 类，如图 2-1 所示。

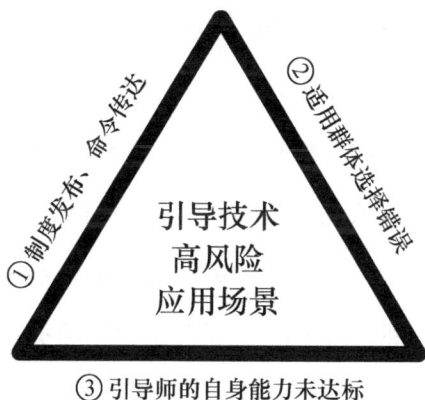

图 2-1　引导技术高风险应用场景

第一类，制度发布、命令传达。制度发布和命令传达有一个共同点，即结果是由上层制定好、不容更改，甚至不容讨论的，这时候的目标是尽快让大家知道已经确定的答案，而不是对制度或命令做研讨。对于制度发布和命令传达，时间点的把握很重要。当制度或者命令还没有确定时，引导师可以用引导技术帮助大家达成共识或明确细化，这种应用可以参考后文中引导技术实战篇的案例。但是，当制度或命令一旦板上钉钉，管理者已经形成决议、下达命令，那么此时就需要一个聚焦的过程，而使用引导技术召开研讨会开展思维发散显然是不合时宜的。其风险主要有两个：一是时间限制，制度发布和命令传达一般要求快速将消息传递给大家，在这种情况下需要尽快上传下达，而引导技术是徐徐图之的引导过程，显然不合时宜；二是在引导的过程中很容易遇到他人的挑战，特别是当参与者中的意见领袖存在不同的视角和观点时，容易把参与者带领到意见相左的思路上，为制度的落地执行带来困难和阻力。

第二类，适用群体选择错误。研讨会的参与者必须与研讨会的主题目标紧密相关并且在相关领域具备较丰富的经验，只是参与者还不知道答案或者无法达成共识，需要引导技术来帮助他们理清思路、寻找答案、达成共识。例如，如果我们召开的是"人才梯队建设"的研讨会，参与者就应该是企业内人力资源部门的负责人和业务部门的主要决策人，而非不相干人员。这里的"不相干人员"主要指两类：一类既不是决策者也不是执行者，和当前议题的关系不大；另一类虽然是相关体系内的人，但他们是对议题理解不深入的小白员工。这样参差不齐的参与者，彼此之间既有层级壁垒，又有专业壁垒，会给研讨会的效果实现带来种种困难；参与者之间意见不一，也会大大降低参与者的体验感和研讨会的产出。

第三类，引导师的自身能力未达标。 研讨会是一位引导师发挥角色作用的主要舞台，引导师也可以说是研讨会的灵魂所在。一场研讨会能否顺利开展，让参与者拥有优质体验并得到高效产出，引导师在其中发挥着关键作用。引导技术与传统培训的不同之处就在于引导技术对引导师的高要求，强交互、重体验的形式对引导师的各项能力提出了更高的标准，引导师绝不是单向授课的讲师。而引导师在研讨会交付的过程中究竟需要何种能力，我们会在后面的章节中详细阐述。

☑ 引导师现场交付素质模型

谁能做引导师？引导师要有一把尺子，通用人才的尺子。这把尺子也就是所谓的人才标准，即素质模型，如图 2-2 所示。本书中的引导师交付素质模型来自"饺子哥"以往十几年近 200 场研讨会引导过程的总结，更偏实战派。引导师现场交付素质模型总结了 3 个方面的内容：第一，引导师本身应该具备什么素质和能力；第二，被引导者应该被激发出怎样的表现和行为；第三，基于研讨会的产出和目的。归结起来就是谁来引导、对谁引导、引导什么。

其中，"谁来引导"涉及情绪管理和用户界面的能力，"对谁引导"需要激发他人的控场能力，"引导什么"指的是总结提炼成果产出的能力。我们可以基于这几个方面发现引导师最重要的素质是什么，同时在阅读本书的过程中也可以对标自身，看看自己作为引导师的潜质如何。

素质项	激发他人	控场能力	情绪管理	总结提炼	用户界面
层级	1. 表扬他人 2. 善于追问 3. 启发提问 4. 反馈生长	1. 时间管理 2. 流程顺畅 3. 合理调整 4. 冲突管理 5. 现场重构	1. 保持高能 2. 高度自制 3. 平静应对 4. 积极展望	1. 重复亮点 2. 总结内容 3. 借助框架模型 4. 现场提炼框架	1. 了解用户 2. 建立关系 3. 友好互动 4. 深度沟通 5. 默契同心

图 2-2　引导师现场交付素质模型

对谁引导、激发他人很重要，成功的研讨会是激发能量、汇聚能量和传递能量的过程，这里的能量指的是集情绪、关注度和思考于一体的综合反应。我们通过一个例子来感知一下能量和能量场。

遇见一个情绪低落的人你会怎么办？

A："你怎么了，看起来不是很高兴，我带你去散散心。"

B："不用了，散心也解决不了我现在的问题，谢谢。"

A："发生了什么吗？你说出来我们可以一起面对。"

B："没什么，跟你说了也没有用。"

A："我现在能够帮你做些什么来改变你的心情吗？"

B："没人能够帮我分担，你也不行。"

A："虽然你不愿意说，但是我陪你吧。"

B："不用了，还是让我一个人静静吧。"

A："……"

假如你现在是 A，你的心情是怎样的？你是不是也变得很沮丧？当周围的环境比较糟糕时，我想你的状态在短时间内也会受此环境的影响，心情也会变得糟糕，这就是能量场的作用。

美国大卫·R·霍金斯写的一本书《能量和力量：人类行为背后隐藏的决定因素》（*Power vs. Force: The Hidden Determinants of Human Behaviours*），专门论述过有关能量的问题。在开展研讨会的时候，引导师会遇到不同的情况，有些人很配合，而有些人却"死气沉沉"，引导师自己可能也会受到当时的环境影响，情绪时而高涨，时而低落。这就是说一个人若接触到了负面能量，他的身体力量会弱化；反之，如果他接触到了正面能量，他的身体力量就会强化，即便他本身根本没有意识到这种无形的能量场，结果也一样。霍金斯在书中写到，我们每个人都有自己对应的意识能量层级。意识能量层级决定着我们每个人的生命品质：层级越高，正面能量越大，获取的成功和快乐也就越多。人类意识层级有标度值：标度值越低，负面能量越多；标度值越高，正面能量越多。

决定一个人意识能量层级的是自身的动机，而一切动机和行为皆来自心中的意念。虽然相关的论述很难理解，甚至很难接受，但是其给出了一定的解释，可以算作在引导过程中解释个人能量变化的"理论基础"。

除此之外，作者还对能量进行"量化"：羞耻（20）、内疚（30）、冷漠（50）、忧伤（75）、恐惧（100）、欲望（125）、愤怒（150）、骄傲（175），这8类属于较低级别的意识能级的表现；勇气（200）、中性（250）、主动和臣服（310，350）、理性（400）、爱和喜悦（500，540）、宁静（600）、开悟（700）、智慧（1000），这 8 类属于较高级别的意识能级的表现。

同时，作者还提出 200 和 500 这两个意识能级数值：200 是积极与消极的分界线，只有能量级达到 200，我们才会获得积极的情绪；500 则是一个更加重要的分界线，超过 500 的人，恐怕就只能以圣人待之了。这可能也解释了在引导的过程中，不同的引导师为什么处于不同的状态。当你和周围的环境处于不同的能量场、不能同频共振时，也就不能做一场高效率的引导。怎样才能在交付的现场保持高能量？

最重要的就是要相信自己，相信自己的能力和信念。我们可以通过引导达到研讨会的目的。参加研讨会的人一般都会对这场研讨会心怀憧憬，正是这种正面的意念能量会激发出我们内心一些积极、努力的正面力量，使自己在无论多长时间的研讨会中仍然保有激情。引导师真正的力量就是其精神。一场研讨会成败与否的关键是引导师是否相信自己有能力做好，这在心理学中被称为自我效能感。社会心理学家班杜拉在 1977 年提出了自我效能感理论（Self-Efficacy Theory），自我效能感指的是对自己是否有能力完成某项任务的主观评估，也可以理解为一种自信的程度。要做好引导师，首要的一点就是对自己能引导好一场研讨会要有自信，相信自己的能力可以做到。这是一种积极的心理暗示，自我效能感的强大力量也会一步步地推动你达成目标。因此，引导师要提升意识层级，打开自己的内心世界，化解或者避开那些使人变得消极的东西，寻求那些令我们变得阳光和积极的事物，内心有一种向上的意识形态，这样才能得到一些持久向上的精神动力，久而久之形成更强的能量场，从而激发能量、汇聚能量、传递能量。

下面，我们具体介绍一下引导师现场交付的 5 个素质项。

1. 激发他人

所谓激发能量，体现在素质模型中就是激发他人。那么，如何激发他人呢？行为层级其实是根据人性得来的。

第一个层级是表扬他人。这指的是对参与者的现场表现进行恰当的表扬，更好地激发参与者的良好表现。在研讨会现场，"你说得很好""你说得很有见解""你的思维和别人不一样"……，这些都是通常表扬他人的常用语句。

第二个层级是善于追问。这指的是寻找合适点，对参与者的表现进行追问，挖掘背后更深层次的信息。只有表扬是远远不够的，引导师还要激发参与者更深层次的成就动机，这时就需要不停地追问，给参与者提出一些具有挑战性的问题，激发参与者从不同的角度思考。

第三个层级是启发提问。这指的是采用启发式的开放式提问，引导参与者自主发现答案，启发参与者主动提出问题。每个人受其经历限制，认知区域中会存在盲区。当追问无法进行更深入的探索时，引导师则需要从不同的视角，使用不同的方式进行启发式提问。

第四个层级是反馈生长。这指的是引导师于现场对参与者的表现给予反馈，引导参与者向更深层次的领悟成长。当参与者的思维过于狭隘时，引导师要帮其打开思维的闸门；当参与者的思维过于发散时，引导师要帮其聚拢。在这个过程中，引导师要不断地与参与者互动，在互动中共同生长出新的东西，通过给参与者提供反馈，使其思维不断具体形象，直至形成可落地的方案与产出。常用的反馈方式有以下两种：第一种，换个视角看待问题，帮助参与者打开脑洞，把普通问题变为经典；第二种，对参与者提出新的要求，虐体、虐脑、虐心。消耗了一定的体力和脑力更容易打开心扉。整体而言，激发他人其实就是激发能量的过程。

2. 控场能力

控场能力是引导师在研讨会现场交付的另一项重要的能力。

第一个层级是时间管理。在控场能力中最基础的是时间管理能力。引导师能够按照议程合理地控制现场时间，使研讨会的每个环节按次序进行，既不将研讨会拖得冗长，也不因为研讨会无法深入而草草结束。传统培训从始至终是一条平滑的曲线，没有波澜，把握好关键时间点便不会有太大问题。而研讨会的能量场远比单向培训复杂，把握好一场研讨会的节奏有时需要慢，有时需要等待。当遇到困难、棘手的问题时，要有沉默的时间，供参与者反思。打破沉默需要在适当的沉默中等待爆发点。例如，让有特别多感情投入的人来打破沉默，或者引导师也可以自主打破沉默，切忌以和稀泥的方式结束。

第二个层级是流程顺畅。这指的是流程之间切换合理，不唐突。整场研讨会按照预期进行，流程顺畅，行云流水，一气呵成。

第三个层级是合理调整。这指的是根据现场情况，调整流程和时间安排（增、删、调、替）。当遇到意外的因素、事件时，如关键人物未到场、出现突发情况等，引导师需要对研讨会进行调整，包括但不限于增加或删减环节、调整次序、代替环节。"饺子哥"曾为某知名企业策划了一场为期两天的研讨会，由于1天半便已达到理想效果实现了预期目的，所以他主动调整流程，提前结束了研讨会。

第四个层级是冲突管理。合理引导冲突（参与者之间的冲突、参与者与引导师之间的冲突），在可控制的范围内，可以被用来激发参与者的表现。此外，在引导过程中，各组织有不同的意识流派，容易出现暗流涌动，这需要引导师进行冲突管理并尽量提前做好功课。一些方法可以帮助引导师管理现场冲突：方法一，在研讨会召开前建立"参与者画像集"，了解参与者的基本信息、在企业中的职位、个人性格等；方法二，善于表扬他人。

第五个层级是现场重构。控场能力中的最高层级是现场重构，即推翻之前的设计，在现场重新构建课程内容。层级五"现场重构"与层级三"合理调整"不同，合理调整指的是因为一些原因和突发事件，引导师对研讨会的部分环节进行调整。而有一种极端情况，即局部调整不奏效了，就需要现场重构。例如，客户的需求临时发生改变，需要重构研讨会；或者战略研讨会进行到一半，才发现是企业的使命不清晰。遇到这样的极端情况，引导师需要在现场根据情况确定是否改变方向。当引导师发现原有环节存在问题而暂时又没有更好的想法时，可以花几分钟让所有参与者稍事休息，为自己争取时间。在休息期间，引导师要重整思路，对研讨会进行再设计。在控场中有几个大忌：一是放出话题却无法聚拢；二是放出话题却无人参与；三是避免现场气氛过热，情绪一直处于高点，影响大家理性思考；四是头重脚轻，头热脚凉，虎头蛇尾。

3. 情绪管理

情绪管理是引导师现场交付的一项基本能力。

第一个层级是保持高能。引导师要在引导的过程中全程保持情绪高涨，充满能量。一个通用的规律是引导师的能量只有比现场的参与者高出一个等级，才能激发和传递能量。与此相对的两个反例是情绪过度亢奋、忘乎所以或情绪低落甚至懈怠。这两种极端情绪容易在研讨会的流程过于顺利或过于坎坷时出现，引导师要时刻保持对自身情绪的关注和感知。

第二个层级是高度自制。引导师遇到来自参与者的挑战，这是很常见的情况，这个时候要能抑制住自己强烈的情绪。参与者会因为个人能力或绩效突出，不同意引导师的某个观点，或是单纯地想扰乱现场，向引导师发起挑战，甚至引发人身攻击。遇到这样的极端情况，引导师需要高度自制，首先保证自己不与参与者发生直接冲突，再用转换视角、转移注意力的方式来调整。

第三个层级是平静应对。引导师即便在有压力的情况下，也要能耐心并且平静地回应参与者，遵循静、定、慧的法则，不仅要平静，而且要能启发智慧，也就是能反过来启发参与者。

第四个层级是积极展望。这指的是在艰苦或有挑战的环境下，引导师要保持镇定并对参与者时刻保持积极的展望，相信彼此可以共同顺利地解决难题。

4. 总结提炼

总结提炼是决定研讨会产出质量的关键能力。

第一个层级是重复亮点。重复参与者在过程中的言行，尤其是一些重要的信息、与众不同的观点。这对引导师在现场的表现有一些要求：首先是聆听，引导师要保持全神贯注的状态，全身心投入，不遗漏信息点；其次是组织敏感性，对有利于目标实现的言行、参与者之间的关系保持高度敏感；最后是观点独到、视角新颖，有些研讨会高薪聘请外部引导师的原因是他们能为组织带来新的视角。

第二个层级是总结内容。归纳总结体验互动中参与者的表现，包含个体表现和整体表现。引导师要及时对参与者的言行进行澄清与梳理，把零散的内容总结在一起。要想做到这些，引导师需要特别注意以下两点：一是语言组织合理有序；二是有些实权人物说话比较含蓄委婉，要听懂"话外音"（潜台词）。

第三个层级是借助框架模型。借用外部模型引导，对参与者之前的表现进行总结或进一步激发，这要求引导师在平常的工作中要有所积累，在遇到不同的研讨会类型时熟练地借助不同的框架模型。

第四个层级是现场提炼框架。根据现场情况，基于经验提炼全新的框架模型并进行引导是总结提炼的最高层级。引导师在总结提炼中容易遇到以下问题：问题一，研讨会容易产生零碎化的信息，引导师要及时收集信息，将重点记录下来输入电脑进行投影，方便所有参与者看到；

问题二，信息颗粒度不同，在讨论不同问题甚至同一个问题时，不同参与者的回答的颗粒度不同；问题三，话不对题。

5. 用户界面

用户界面是引导师相对综合的一项能力，也是较高质量的现场交付的关键。

第一个层级是了解用户。这包含两个方面：一是研讨会前期，要了解参与者信息，建立"参与者画像集"；二是在研讨会现场要快速了解参与者的情况。

第二个层级是建立关系。这指的是与用户建立亲密友好的关系。

第三个层级是友好互动。这指的是可以与用户建立友好的互动关系，有利于引导的进行。

第四个层级是深度沟通。这指的是与用户的关系更进一步，客户愿意与引导师进行深度沟通。

第五个层级是默契同心。这指的是引导师要站在客户的角度考虑问题，以给客户带来价值为出发点，与客户建立深入、默契的合作关系。

引导师现场交付素质模型的 5 项能力是研讨会交付成功的五大关键。而这 5 项能力如何修炼，体现在引导师的行为层级上。引导师现场交付素质模型的行为层级是由浅入深、由易到难的，成为引导师是一场需要不断自我丰富、不断进行自我能力迭代和完善的修行。

[上篇]

Facilitation
and Facilitative
Management

能力技巧精粹

▼╱ 第三章
激发他人唤醒能量

☑ 打开乔哈里窗的盲区

　　激发他人的一个重要的前提是对参与者有充分的了解。引导师是一个对人心和人性比较敏感的职业，需要根据不同人的特征、擅长的领域、职业经历和兴趣特点采取不同的激发方式。如果是内部人员担任引导师的话，这方面的信息还是比较充分的；但是对外部引导师来说，这将是一个重大的挑战。因此，外部引导师要在研讨会之前，与企业内部人员一起深度了解每位参与者的主要特征，即给每位参与者画像。成功引导好一场研讨会，这一步必不可少。

　　对参与者前期的深度调研是前期准备工作中的重要方面。除此之外，引导师在现场也可以通过设置一些特定环节去快速了解参与者。这里介绍一个很好用的工具：职场角色盾牌，如图 3-1 所示。

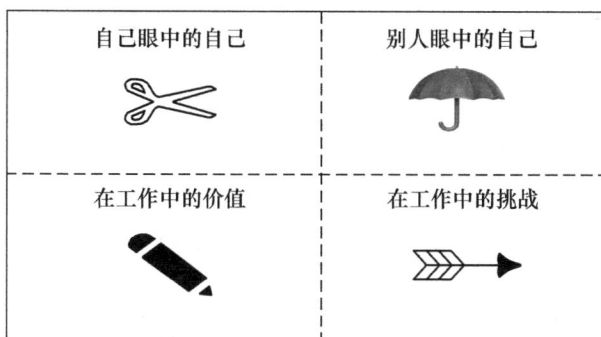

图 3-1　职场角色盾牌

职场角色盾牌是一个非常好的开场互动的工具。在这个环节中，参与者需要在白纸上画 4 个象限，分别以非文字的符号或图形的方式描绘出自己眼中的自己、别人眼中的自己、在工作中的价值以及在工作中的挑战。这个环节完成后，不妨让参与者审视一下自己眼中的自己和别人眼中的自己是否相同。其实这两个部分很少有人是完全相同的，这可以用乔哈里窗来解释。

乔哈里窗（Johari Window）也被称为"自我意识的发现 - 反馈模型"，是美国心理学家约瑟夫·勒夫特和哈里·英格拉姆在 20 世纪 50 年代提出的。乔哈里窗将人的内心世界比作一扇窗户，窗户分为 4 个区域：开放区（Open）、盲点区（Blind）、隐私区（Private）和潜藏区（Potential）。开放区指的是你知道、我也知道的信息，例如，同事之间知道彼此的名字、性别、职务等。盲点区指的是你知道、我不知道的信息。盲点原本是一个生理学词语，指的是视网膜上无感光细胞的部位。盲点区由于没有视觉细胞，因此物体的影像落在这个地方不能引起视觉。盲点区包含的信息很丰富，如他人对你的评价，如果他人不说你就不会知道。隐私区指的是我知道、但是你不知道的信息，主要是指个人隐私。潜藏区指的是我们自己不知道、别人也不知道的区域，即潜能被封藏的区域。乔哈里窗示意如图 3-2 所示。

	我知道	我不知道
你知道	Public 开放	Blind 盲点
你不知道	Private 隐私	Potential 潜藏

图 3-2　乔哈里窗示意

乔哈里窗 4 个区域的面积并不是一成不变的，假如人的内心世界是一个恒量，那么这 4 个区域就是变量，每个窗口的形状和大小都是可变的，而且任何一个窗口的变化都会引起其他窗口的变化。在这个 4 区域中，开放区的面积只会越来越大，被放进开放区的信息就像泼出去的水，不会再被收回。

乔哈里窗的重要意义在于两个方面。

其一，乔哈里窗帮助你更好地认识自己。某品牌与美国有名的罪犯肖像艺术家扎莫拉合作开展了一项社会心理学实验。以一个帘子作为隔离，扎莫拉和来访者都看不到彼此的长相，扎莫拉背对着来访者，询问对方几个关于五官和外形的问题，以此为依据为 7 位女性来访者画像。之后，扎莫拉再为这 7 位女性画另外一幅肖像，但依据的是当天第一次见到这 7 位来访者的几位陌生人的描述。图 3-3 和图 3-4 分别是弗洛伦斯、凯拉描述的自己和陌生人眼中的自己。

**图 3-3　左图是弗洛伦斯描述的自己，
右图是第一次见面的陌生人眼中的弗洛伦斯**

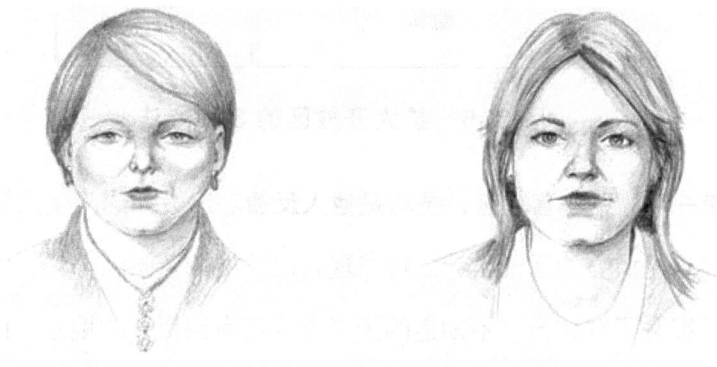

**图 3-4　左图是凯拉描述的自己，
右图是第一次见面的陌生人眼中的凯拉**

在陌生人眼中，弗洛伦斯有非常漂亮且瘦削的下巴，凯拉有很好看的蓝眼睛，而这些都是弗洛伦斯和凯拉并没有注意到的"美丽盲区"。但通过这样一个实验，她们对自身的美更加了解，也更加自信。

其二，乔哈里窗揭示了沟通的秘诀。实现有效沟通的关键在于开放区的大小，我们想办法让开放区扩大而让其他几个窗口相应缩小，这就是实现有效沟通的具体策略。

扩大开放区的 3 种方法是他人反馈、自我暴露和潜质开发，如图 3-5 所示。下面对这 3 种方法分别予以说明。

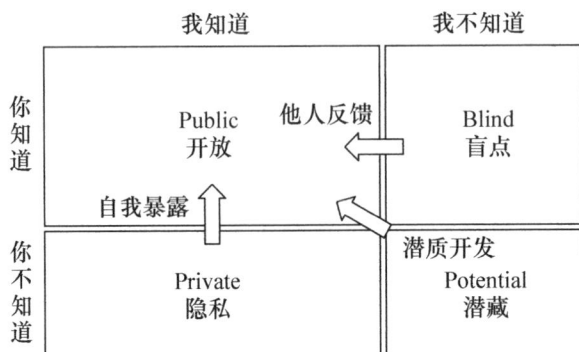

图 3-5　扩大开放区的 3 种方法

第一种，缩小盲点区，技巧是他人反馈。这就如同陌生人让弗洛伦斯发现自己漂亮的下巴，让凯拉发现自己美丽的蓝眼睛一样，即通过他人的反馈去了解你自己不知道的闪光点或者有待提升的地方。但是很多人在这方面存在一些障碍。例如，性格内向害羞、不好意思问别人，又如自尊心过高、不愿意不耻下问等。要想有效沟通，这些都是需要预先突破的自我设限。

第二种，缩小隐私区，技巧是自我暴露。自我暴露是最直接的一种公开信息的方式，也是最考验勇气的一种方式，涉及隐私的部分，我们说出口时一定要谨慎再谨慎。很多时候，大多数人会觉得"如果我暴露了自己的这个缺点，那么××可能就不喜欢我了／不信任我了／不崇拜我了……"。但事实上，一个很有趣的心理学实验发现，当人们知道某个很完美的人的一个小缺点时，对这个人的好感度会大幅提升。所以，有时候换个角度，适当地暴露自己的小缺点也许并非坏事。把自我缺点暴露的后果想象得过于严重，有时候反倒是杞人忧天。

第三种，缩小潜藏区，技巧是潜质开发。麦克利兰将人的素质比作一座冰山：冰山之上是一些容易被别人发现的显性素质——知识和技能；冰山之下是不容易被别人发现的隐性素质——价值观、自我形象、特质、动机。我们将潜质定义为价值观、自我形象和特质的综合反映。潜质是潜藏的素质，冰山之下是很难被自我觉察的，需要通过一些专业的测评工具帮助自身觉察。同时，潜质也是可以用专业的手段被开发的。麦克利兰的冰山模型如图 3-6 所示。

图 3-6 麦克利兰的冰山模型

　　一代名相魏征经常警醒唐太宗李世民"水能载舟，亦能覆舟"。在他过世之后，李世民悲痛欲绝，悼念他时说："夫以铜为镜，可以正衣冠；以史为镜，可以知兴替；以人为镜，可以明得失。朕常保此三镜，以防己过。今魏征殂逝，遂亡一镜矣！"用铜作为镜子，可以整理一个人的衣冠穿戴；用历史作为镜子，可以知道朝代兴替的规律，从而知道如何施政让王朝兴盛；用他人作为镜子，可以知道自己决策的得与失，从而去修正。

　　相较于公开隐私，寻求他人反馈打开乔哈里窗的盲区，是稍微简单一些的做法。我们扪心自问，是否已做好准备迈出认识自己的重要一步？是否珍惜自己身边的镜子？自我成长的节奏把握在每个人的手中。

☑ 罗森塔尔效应带来正强化

　　在希腊神话中，在欧洲和亚洲交界的一个小岛上，坐落着一个王国，国君不仅长相英俊且有治国的才能，雕刻技艺更是一绝，是当世闻名的艺术家，但他无心于凡尘中的女子，决心终身不娶。某天夜里，他在梦中邂逅了一位姿容绝世的少女，之后便日日魂牵梦萦。于是，他精心用象牙将梦中少女雕刻出来。作品完成后，他惊叹于少女雕塑的婀娜多姿，甚至分不清这是雕塑还是真人。他爱上了这座雕塑，并将它当作自己的妻子一般看待，他送给它各种少女喜爱的礼物，为它穿上华美的衣裙，并为它取名伽拉忒亚。当爱神节到来时，国王向女神阿佛洛狄忒祈愿——赐他一位类似于那座象牙雕塑的姑娘为妻，圣坛上的香火聚成火苗向空中蹿了 3 次，暗示着爱神满足了他的愿望。当国王回到宫殿之后，一如既往、含情脉脉地凝视雕塑，忍不住亲了亲雕像。就在这时，奇迹发生了，冷冰冰的雕像渐渐变成拥有温暖身躯的少女。最后，少女和国王结为夫妻，生下儿子帕福斯。为了纪念这段爱神祝福的姻缘，专门供奉阿佛洛狄忒的城市也以帕福斯命名。这座城市现在位于塞浦路斯西南部的沿海，这位国王叫皮格马利翁。后来有一个心理学效应就叫**皮格马利翁效应**，指的是人们基于对某种情境的知觉而形成的期望或预言，会使该情境产生适应这个期望或预言的效应，即你期望什么就会得到什么，你得到的正是你所期待的。

作为引导师，我们常说要"看人之大"。优秀的引导师要有一个重要的信念：相信个人。这是指引导师要相信每个人都是聪明的、智慧的，有能力且有意愿把事情做好，相信每个人的想法都有价值，这和职位高低无关。另外，引导师还要相信一点：参与者对自己参与制订的计划会更有承担的意愿，引导师要相信参与者会对做出的决定承担责任。相信个人，不仅要从认知层面对参与者有信心，而且要在行为层面体现出来，适当地给予参与者积极的心理暗示。千万不要小看积极心理暗示的强大作用，历史上有一个关于心理暗示非常著名的案例。

1960 年，美国著名心理学家罗森塔尔来到加利福尼亚州的一所小学。他从 6 个年级中各选择了 3 个班，并对这 18 个班级的学生开展了测验。之后，罗森塔尔将一份"最有前途的学生名单"交给了校长，并叮嘱他们保密，以免影响实验的客观性。校长对两位教师说："根据过去三四年的教学表现来看，你们是本校最好的教师。为了奖励你们，今年学校特地邀请罗森塔尔教授挑选了一些最聪明的学生给你们教。记住，这些学生的智商比同龄的孩子都要高。"校长再三叮嘱他们："要像往常一样教他们，不要让孩子或家长知道他们是被特意挑选出来的。"一年之后，这几个班的学生的成绩果然是全校中最优秀的，并且他们的性格活泼开朗，自信心强，求知欲旺盛，更乐于与别人打交道。而真相是罗森塔尔撒了一个"权威性谎言"，名单上的学生并非智商最高的，只是被随机选出来的。而校长选出的两位教师也不是全校最优秀的，同样是被随机选出来的。这个实验现象在心理学上被称为**罗森塔尔效应**，也称为期待效应。教师认为学生很优秀，就会给予学生更大的期望，并且在方方面面对学生表现出更多积极的心理暗示，从而对学生产生正向激励。学生在学习时也会更加努力认真，从而取得好成绩。

正向激励会促使人产生更多的积极行为，这同样有科学理论的支撑。20世纪著名心理学家伯尔赫斯·弗雷德里克·斯金纳教授在1938年创造了研究动物学习活动的仪器——斯金纳箱，如图3-7所示。箱中有一个杠杆，每次按压杠杆就会掉落食物，斯金纳将饥肠辘辘的小鼠放入箱中，结果发现小鼠自发地学会了按压杠杆。斯金纳的实验证明了正向激励的强大作用，动物的学习行为正是通过正强化的刺激引发的。斯金纳将动物的学习行为推广到人类的学习行为中，他认为人们可以通过强化作用去改变他人的行为反应，正强化刺激会激发更多正向的学习行为。

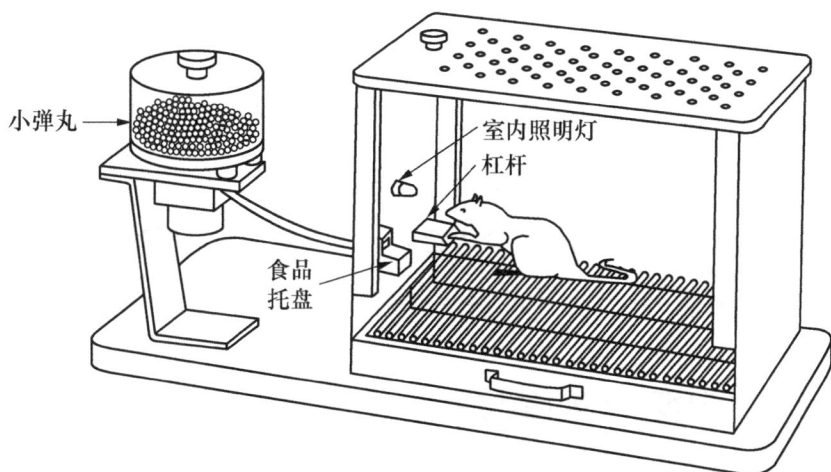

图 3-7 斯金纳箱

研讨会中最常见的正强化刺激来自引导师的表扬行为。有意识构建的场域是引导技术发挥作用的重要场合，引导的过程会在场域中激发能量。表扬是对他人的言语、行为进行的积极评价，是一种典型的正强化方式，可以非常有效地激发参与者的积极行为。

在研讨会的场域中使用引导技术时，引导师需要以中立的身份进行引导。这意味着引导师在表扬时也需要保持中立的态度，这样才能较好地引导研讨会的进程。

引导师需要通过表扬他人的方式实现如下目的：

• 使参与者之间关系融洽；

• 参与者觉得可以准确地表达观点；

• 参与者不被其他人过分地干扰或影响；

- 获得参与者的信任；

- 充分地激发参与者的表达欲望。

表扬他人，尤其是让表扬恰到好处地起到推进研讨会的作用，其实并不容易做到，这不仅取决于引导师引导技术水平的高低，而且取决于研讨会的环境和参与者的个人特质。下面列举几个相对来说不太容易引导的场景。

（一）自视甚高的参与者

S 集团是一家世界 500 强企业，企业大学针对业务团队的中层管理者启动了为期 6 个月的行动学习项目。30 多人聚集在一起，首先进行领导力学习。虽然整个行动学习班的学习气氛浓厚，但还是有那么两位参与者难以专注，不是在捣鼓手机，就是经常去卫生间。被企业大学的同事提醒了几次之后，他们就索性坐在座位上，在稿纸上开始随意地写写画画了。这两位分别是去年大中华区销售冠军团队的经理李先生和市场部门刚刚被提拔的彭女士，两位都是本次行动学习班里的明星人物。

在研讨会上，引导师抛出了一个问题："大家可以在小组里，讨论一下优秀团队是什么样子的。5 分钟之后，每组派一位代表分享一下你们小组讨论的结果。"

几分钟之后，大家的讨论陆续结束了。

第一组的彭女士站了起来："老师，我觉得你的这个问题不好，一千个读者眼里有一千部《红楼梦》，你这个问题本身就不明确，我们没法回答。"

彭女士刚说完，现场的气氛瞬间变得凝重了，大家都等着看引导师如何回应。引导师随即用一句巧妙的表扬，缓和了尴尬的气氛："彭总看问题的视角很独特。既然一千个读者眼里一千部《红楼梦》，那么兴许其他小组的成员对这个问题有不同的看法和见解，我们不妨来听听看。"

第三组的李先生站了起来："我们小组来抛砖引玉吧。我认为优秀的团队，第一，要有一个好的领导，领导的能力不行，团队肯定带不好；第二，团队需要有目标，领导也要会分解目标，例如，去年公司给我们团队定的销售目标是 2000 万元，我给团队中的 5 个组分别拆分了 400 万元的目标，还有一组是平时业绩比较突出的，我给他们拆分了 800 万元的目标，最后的结果是我们完成了接近 3000 万元的业绩，远高于 2000 万元的指标。我就只有这么两点感悟，说得不好，请多指正。"

听完李先生的发言，很多在场的同事都有些不自在。

如果任由李先生和彭女士发言而不做及时的处理，可能会发生什么呢？引导师又应该如何使用表扬的方式引导他们呢？

引导师遇到这类参与者的可能性并不低。他们自视甚高可能是由于其过往成功的经历，可能是其背景实力优渥，也有可能是其天性自负、需要关注等。无论是哪一种，稍不谨慎对待就可能会波及全局，影响研讨会现场的效果，无法激发参与者的能量。

引导师对这类参与者的表扬需要注意以下几点：

- 不给对方被故意无视的感觉；

- 充分表达对他们的尊重，拉近彼此间的距离；

- 需要使用中性的表扬词，如"有逻辑""观点新颖""有想法""很老练"等；

- 不要表扬过度，避免其成为全场的意见领袖，局限其他参与者；

- 引导师自己也要避免对优秀者的追星心态，以防有失偏颇。

（二）侧重不同的好战友

J 公司是一家近几年兴起的互联网企业。由于过去几年追求高速发展，J 公司并没有太重视企业文化的建设。随着大量新兴互联网企业的涌现，J 公司开始逐渐出现离职率上升、招聘成本增加、招聘周期拉长的问题。J 公司的人力资源部门找到了企业文化领域知名的管理咨询公司，为 J 公司梳理企业文化。

作为技术主导型公司，J 公司的核心团队成员大多为理工科背景。大家共事已经 6 年有余了，关系都不错，再加上创始人经常鼓励大家各抒己见，因此在会议上他们常常就一个问题争得面红耳赤。

经历了 3 个月的前期调研之后，顾问团队与 13 位核心高管共聚上海崇明岛，开始了第一次企业文化提炼研讨会。会前，每位高管都根据前期的调研，写下了一些各自认为合理的企业文化关键词，准备在会上分享。

　　研讨会开始时，引导师带着大家定下了这次研讨会的行为准则，其中一条便是"就事论事，不打断别人发言"。

　　进入关键词分享环节后，公司的 CFO（首席财务官）陈总第一个发言，他说："我认为我们企业有几个关键词，第一就是'精益管理'，这是咱们过去成功的重要一环，这个优良传统我们不能丢……"

　　戴总是分管研发的 CTO（首席技术官），到他发言时，他说："我写的第一个词就是开拓创新，咱们虽然也做了好几年了，但创新仍然应该是我们的主基调。咱们还没到守江山的时候，怎么能像陈哥说的那样，这么早就开始追求'精益管理'呢？"

　　就这样，陈总和戴总两人你一言我一语，就到底应该"精益管理"还是"开拓创新"争论了起来。与会的高管也习惯了这样的场面，一边听一边在纸上写写记记，研讨会似乎进行不下去了。

　　如果此时让陈总和戴总继续争论下去，会对整个研讨会产生什么样的影响呢？引导师此时应当如何处理呢？

　　研讨会需要思维的碰撞，产生更多、更新的想法。与会人员在思维碰撞的过程中，不可避免地会产生张力和冲突。因此，引导师在表扬时需要采取恰当的方式，既不打消参与者的积极性，又避免让其中一方觉得被偏袒或被冷落。

　　在这种情况下，表扬需要注意几下几点：

　　● 在会议前，引导师需要充分了解参与者的信息，尤其是参与者之间是否存在固有矛盾，在设计之初要尽量减少他们产生冲突的机会；

- 当研讨会现场出现激烈争论时，引导师可以将议题提升到更高的高度，帮助双方意识到大家的根本目的是一致的；

- 引导师可以采用一些调侃但又不冒犯任何一方的方式，缓和现场气氛，例如，让大家给他们评评理，让他们彼此说说对方的优点等；

- 引导师切忌在现场为双方评出高下，激化现场矛盾；

- 发生冲突是一个更好地了解参与者的机会，便于引导师之后更好地引导。

企业管理者如果掌握了引导技术，可以将其应用于日常的管理场景中。善用表扬可以帮助引导式管理者激励团队成员，从而取得高绩效，具体表现为以下几点：

- 激发团队成员的潜能；

- 正向引导，激发团队成员的行为；

- 激励团队成员的整体士气；

- 激发团队成员的深层动机，让他们更加追求卓越。

（三）言语不多的思考者

C 公司是一家教育公司，赵女士是 C 公司市场部门的负责人，她所带领的团队有一位胡先生。胡先生大学毕业后便加入公司，工作已有一年多的时间。胡先生文质彬彬，非常喜欢读书，也非常爱思考，做事中规中矩。胡先生在工作中虽然话不多，但当同事们私下聊天问到某件事情时，他总会有不一样的见解，让人眼前一亮。大家感觉胡先生的能力很强，都喜欢和他私下交流。只是每当开会需要大家建言献策时，胡先生总是很少发言，即便点到他，他也只有寥寥几句。

C公司最近正在筹办一次大型的商业活动，希望进一步扩大公司的市场影响力。市场部门在接到任务后，就此召开了一次部门会议。赵女士在会前请秘书找了一些材料发给大家，让大家提前阅读。在会议上轮到胡先生发言时，他的反应和往常也没什么两样："赵经理，您给的材料我都看了，但我没什么特别好的想法和创意，先让其他同事说吧。"

胡先生的能力在部门会议上未能得到充分的发挥和施展。引导式管理者怎样才能通过表扬的方式充分激发他呢？

在管理工作中，我们难免会和这些思考者接触。如果引导式管理者可以激发他们分享思考的成果，就会给团队带来非常大的价值。合理地表扬是激发他们建言献策的第一步。

表扬思考者可以从以下几个方面入手：

- 肯定他们思想的深度和对团队的贡献，为他们的分享做铺垫；

- 表扬的时候让他们觉得自己有价值，愿意更多地思考、更多地分享；

- 鼓励他们想到多少说多少，不一定要深思熟虑之后再分享；

- 通过表扬的方式，进一步激发思考者的深层动机；

- 可以借着表扬思考者，激发其他同事深入思考的意愿。

▼　第四章
善用技巧深度启发

☑ 恰当的追问破除思维壁垒

　　詹姆斯·瑟伯被认为是继马克·吐温之后美国最伟大的幽默大师，他有一本经典之作《公主的月亮》。书中讲的是一个国家年幼的小公主生病了，她向国王祈求，如果能得到月亮，她的病就会好。心疼女儿的国王找了许多聪明人来帮公主实现愿望。总理大臣说，月亮离得非常远，远在三万五千米以外，月亮非常大，比公主的房间还大，而且月亮是由熔化的铜铸成的，根本不可能拿到。魔法师说，月亮比总理大臣说的还要远，有十万五千米远，是用绿奶酪做成的，不仅比公主的房间大，而且比整个皇宫大两倍，根本不可能拿到。数学家说，月亮有半个王国那么大，粘在天上，根本不可能拿到。王国里最聪明的人都束手无策，国王生气之余叫来小丑给公主弹琴解闷。小丑听了最聪明的人的见解，发现每个人对月亮的大小、远近的理解都不一样。可能在那些人的眼里，月亮就像他们所说的那样大、那样远。那么，公主认为月亮有多远、有多大呢？于是，他在给公主弹琴时，问小公主月亮有多大，小公主回答说："也就比我的拇指指甲盖小一点儿吧，因为我的指甲盖可以完全盖住它。"小丑又问她，月亮有多远，小公主回答说："不比窗外那棵大树高，因为它总是卡在树的枝丫间。"小丑接着问她，月亮是什么做的，小公主回答："当然是金子做的。"小丑这回明白了，原来小公主想要的月亮是金子做的，比拇指盖还小一点。这样的月亮很容易拿到啊，于是小丑托金匠打造了一枚小月亮吊坠的金项链，送给公主。公主心愿达成，她的病很快就好了，结局皆大欢喜。

这个故事其实说明了追问的必要性和意义，其本质在于澄清观点并挖掘观点背后深层次的含义。古人说："仁者见仁，智者见智。"这指的是人们思考问题的角度存在多样性，你理解的未必是对方真正想表达的。引导师在下述 3 种情况下，应该善用追问，如图 4-1 所示。

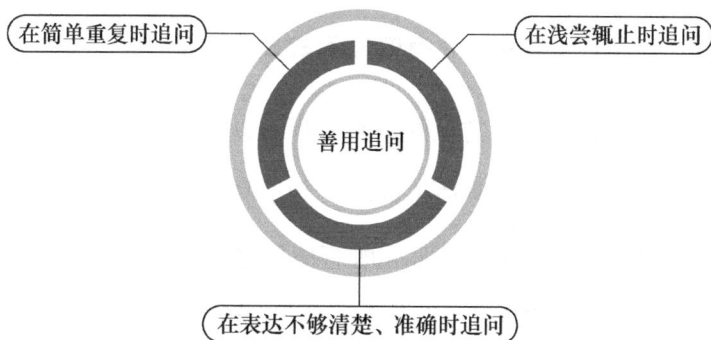

图 4-1　应该追问的 3 种情况

第一种，在简单重复时追问。当参与者只是重复其他人的观点时，表示参与者并没有主动思考，此时引导师要通过追问的方式刺激其主动思考，激发其尝试从其他角度思考问题。

第二种，在浅尝辄止时追问。当参与者只是为了回答而回答，答案只是浮于表面时，引导师要利用追问的方式，帮助其深入思考。

第三种，在表达不够清楚、准确时追问。这时引导师要利用追问，让对方清楚地表达意思，一方面要让引导师本人理解其意思；另一方面要让在场的其他人理解其意思。这时，引导师可以使用的句式通常是"你刚刚说的重点是什么""你想表达的重点是什么"……诸如此类。

有效追问才是好的追问。那么要做到有效追问，其实有三大要诀，如图 4-2 所示。

倾听　　　　共情　　　　专注

图 4-2　有效追问的三大要诀

第一个要诀是倾听。常见的倾听障碍有以下几种：第一，将自己和别人比较；第二，尝试猜测他人的真实想法和感觉；第三，预先对他人进行负面判断；第四，在还没听完所有信息之前，就尝试解决问题或提供意见；第五，过滤信息或只听我们认为重要的事情；第六，只是为了讨他人喜欢而附和安抚他们；第七，在内心演练自己将要应对的话。

这些倾听障碍通常无意识地存在于我们的行为习惯之中，阻碍我们有效倾听。

有效倾听情绪的一个方法叫"镜像疗法"，在婚姻治疗中较为常见。镜像疗法通常的做法是重复。例如，当妻子对丈夫抱怨时，丈夫要对妻子重复同样的话，这样做不仅让丈夫了解妻子的想法，还让丈夫领会妻子的情绪感受。在实施镜像疗法时，一定要注意复述的准确性，如果不准确，就要再次复述，直至准确。这种镜像疗法看似简单，但操作的困难却令人意外。准确反映对方的感受，其作用不仅在于理解对方的感受，而且能够增强彼此情绪协调的意识。在研讨会中，我们有时会安排一些环节让参与者练习倾听的技巧，其底层逻辑就源自镜像疗法。做法是参与者两两一组，参与者 A 描述一件最近发生的令其情绪波动比较大的事，分享给 B；B 要做的不是给 A 反馈，而是认真听，在听完以后复述 A 的故事。

第二个要诀是共情。共情，也叫同理心，是一种理解他人的能力。要做到共情，首先必须与他人产生情感上的互动，心理学家乔丹·彼得森认为共情是共享他人情感体验的能力。我们认为共情分为 3 个层次，如图 4-3 所示。

图 4-3 共情的 3 个层次

关注别人的感受　　感受到别人的感受　　针对别人的感受采取行动

共情的第一个层次是关注别人的感受。 人们能否产生利他行为是许多因素共同作用的结果，其中最重要的一条就是能否给予别人充分的关注。当我们高度关注某个人时，才有可能与他产生情感交流，从而产生同理心。不同的人关注别人的能力、意愿和兴趣不同。例如，青春叛逆期的孩子听母亲唠叨时心不在焉，几分钟后，与女朋友打电话时却非常专心。或者当你赶着完成某项任务时，由于太专注于自己的思考或因时间紧张，可能不太会关注到周围人的痛苦，更不可能帮助别人。大都市的人在大街上通常不会关注或帮助别人，这种现象叫"都市恍惚症"。我们关注事物的优先度、社交态度和其他许多心理因素会使我们选择性地关注某些事物或者某些情感，从而产生同理心。

共情的第二个层次是感受到别人的感受。 同理心的产生需要情感共享，这是充分理解他人内心世界的必备条件之一，简而言之就是看到别人受伤时自己也会感到疼痛。1909 年，德语词汇"Einfuhlung"首次进入英语，形成了新的合成词"Empathy"（同理心），其意思是对他人内心情感的模拟，直译就是感受别人的感受。首次把同理心这个词引入英语的是德国美学大师特奥尔多·利普斯，他曾经说过："当我看到杂技演员走钢丝时，我就感觉自己好像也在钢丝上面一样。"意思是说我们好像可以感受别人内心的感受，这就是所谓的"感同身受"。神经学家们认为，一个人的镜像神经系统越活跃，他产生的同理心就越强烈。只有理解了别人的感受和意图，我们才能迅速地做出反应，并且预测他人下一步的打算，这种洞察力在任何人际交流中都是必不可少的。它可以帮我们识别那些转瞬即逝的微妙信号，从而理解对方现在的想法和将来的打算。

共情的第三个层次是针对别人的感受采取行动。 达尔文认为，所有情绪都有产生某种行为结果的倾向。例如，恐惧会使人呆住或逃跑，愤怒会驱使人们战斗，喜悦则使人们拥抱。当我们看到别人痛苦时，我们的大脑会产生同理心和共鸣，从而引发同情。当婴儿哭泣时，这种反射会引起父母大脑神经系统的类似活动，从而促使他们想尽办法来安慰孩子。善意是我们大脑的自然反应，所以我们会下意识地去帮助一个因为恐惧而尖叫的孩子，或者去拥抱一个微笑的婴儿。这是一种情感的冲动，受小路神经系统控制。因此，感受到别人的痛苦就会激发起我们帮助别人的欲望。

那么，该如何提升同理心？很重要的一点就是要学会设身处地。不仅要理解对方的感受，还要了解对方的思想，有意识地观察别人的意图，以便更准确地预测对方的行为。我们应该经常问问自己："如果我是这个人的话……"把自己当成对方，抛开自己的个人价值观、情感和思维模式来感受这种情况，去揣摩对方的想法和可能的行为模式，甚至可以与对方讨论，在特定的情景下对方是否会产生像自己揣摩的那样的反应，从对方的反馈中不断获得进步。同时，我们还可以在生活中练习观察他人。例如，在超市排队结账时，观察其他排队的人是怎么交流的，是什么表情，内心可能的感受是什么等。

第三个要诀是专注。 引导师专注于两个方面：一方面是专注话题本身；另一方面是专注发言的人，不要走神。这一点很重要，研讨会是思想碰撞、灵感迸发的场域，在这个场域中参与者经常会迸发出一些奇思妙想，引导师要注意不要被有趣的话题带偏，而是要时刻保持头脑清醒、目标清晰，明确当前的话题是什么，预期获得什么产出。另外，也有研究发现人们越是专心，越能敏锐、迅速地感受到他人的内心世界。

☑ 引导中提问的技巧

要想实现有冲击力的启发，引导师要具有一项重要的能力，即善用提问。为什么提问对启发很重要？西方著名哲学家苏格拉底将自己比作"助产士"，帮助别人产生属于自己的思想。因此，苏格拉底游走在街头、市场等室外场所，与别人探讨各种问题，如什么是诚实、什么是美德，通过提出这些问题引导大家，并借助具有批判性的研讨，去寻求真正的正义和善，达到改造灵魂和拯救城邦的目的。

美国心理学家格拉塞等人提出："提问是与知觉、记忆、学习、决策和问题解决同样基本的认知成分，也是引导人类认知过程的最基本手段。"但是随着我们年龄的增长，我们的提问越来越少，这是由于以下 3 点原因：第一，提问存在社交成本和障碍；第二，个人很难认识到自己存在的不足，存在认知偏差；第三，缺乏相关的提问技巧。我们在没有提问的场域当中，不能很好地去激发能量，这样的氛围也很难实现引导的目的。

引导师需要通过恰当的提问来引导整个过程，在此特别强调一点，引导师的作用不是直接给出所提问题的答案，而是引导提问者并激发提问者的潜能。引导师通过提问可以让参与者自发思考，澄清问题和相关的流程细节，构建起平等的对话平台，甚至达到让真相觉醒的目的。在这个过程中，参与者会有很强的参与感，并且因为自身贡献的力量，更愿意在未来投入。

引导师如何才能提出好的问题呢？倾听是提问的前提，我们要站在对方的角度，感同身受地理解对方所表达的意思、感受和真实的想法。我们在开展研讨会时，参与者不仅有身边的同事，甚至还有自己的上级。中国人本身比较含蓄，在此环境下更需要我们委婉地表达。引导师此时需要耐心地基于客观的立场去倾听参与者的言语。倾听之后要有技巧地提问，提问有以下 5 种不同的形式，如图 4-4 所示。

图 4-4　提问的 5 种形式

1. 澄清式的提问

我们在向别人传递信息时往往会不自觉地带有一定的信息不准确

性，这时引导师就要对相关阐述进行澄清，以此判断过程中的细节是否真实。引导师可采用 5W1H 分析法，5W 包含 Who（**何人**）、When（**何时**）、Where（**何地**）、Why（**何因**）、What（**何事**），1H 是指 How（**何法**），5W1H 分析法也叫六何分析法。通过这样的提问，引导师就可以更加全面真实地像侦探一样在内心还原事实，从而为下一步的引导做出判断。

2. 假设式的提问

假设式的提问一般处于 3 种状态：基于过去、现在、未来。例如，假如你回到两年前，你还会做这样的决定吗？假如你是所在部门的负责人，你现在会采取什么样的措施？如果你现在提升自己的认知的话，你的将来会是什么样的？通过这样的提问，引导师可以让参与者从不同的侧面去重新审视自己，建立自己与环境之间的联系。

3. 明辨式的提问

在生活中，我们的环境、认知、经历存在着很大的不同，因此我们对事物的定义也有很大的区别。例如，木匠眼中的椅子和艺术家眼中的椅子就存在着很大的差异，这时引导师就可以提问："你眼中的椅子是什么样子的？""你理解的创新指的是什么？"如此，大家沟通的对象就是一致的，对话空间就大了，同时也提升了沟通的效率。

4. 极端式的提问

这是在特殊的条件下提出的问题，例如，"你最理想的工作环境是什么？""你最不能忍受什么样的同事？"这种提问方式能够让引导师知道他们的理想状态或他们能够接受的底线是什么，从而把握以后的行为标准。

5. 感受式的提问

这种提问方式就是让参与者说出自己真实的内心想法，激发他们的情绪。例如，最直接的是"你当下有什么样的感受？"我们讲过在引导的过程中有两条线，即明线和暗线，情感线属于暗线的一部分，这样的提问会将研讨会引导到情感线上，触碰内心。

以上的提问方式都是开放式提问，这种方式不仅可以让对方感受到被理解和被尊重，打破思维壁垒，创造无限的想象，从而传递能量，还能让对方在引导的过程中获得并散发出由内而外的信心。除此之外，还有封闭式提问的方式，它指的是比较具体、明确、范围较窄的提问。例如，"你们部门是否需要相关的培训？"这样的回答只有是与不是，这样的提问方式会让参与者按照既定的思路去完成整个引导过程，不至于偏离研讨的目的。

需要注意的是，提问往往会导致一种紧张的状态，所以引导师在提问中要注意以下几个事项：

- 提问之前营造良好的氛围，提问之前要做好铺垫，不要直接问；
- 语气缓和，不要带着一种判断和期待的语气提问；
- 在好奇中保持中立，在提问的过程中不要诱导，要保持客观态度；
- 紧紧围绕研讨会的目标，提问时一定不能偏离主题和目标。

此外，我们可以学习一些提问的模型，以此为范本来进行练习。

第一个经典的提问框架是**思维的黄金圈**，如图 4-5 所示。黄金圈指的是 Why—How—What。

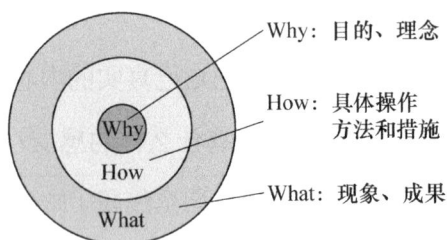

图 4-5　思维的黄金圈

对于 Why，经常被询问的方式有以下几种。

- 为什么要做这件事呢？

- 你做这件事的原因是什么呢？

- 这件事对你来说意味着什么呢？

- 你做这件事是因为你相信什么吗？

对于 Why 的提问，其实就是提问信念、原因、价值、意义、目的等。

对于 How，经常被询问的方式有以下几种。

- 你要如何实现这个结果呢？

- 对于这件事你的思路是什么呢？

- 这件事可以分为几个阶段呢？

关于 How 的问题，我们可以使用 **GROW 模型**。GROW 模型是 20 世纪 80 年代由企业教练格拉汉姆·亚历山大等人开发出来的用于团队领导或教练的一个非常好的工具。GROW 模型，顾名思义就是"增长模型"，是不断促进员工成长的工具。GROW 模型的具体内容如图 4-6 所示。

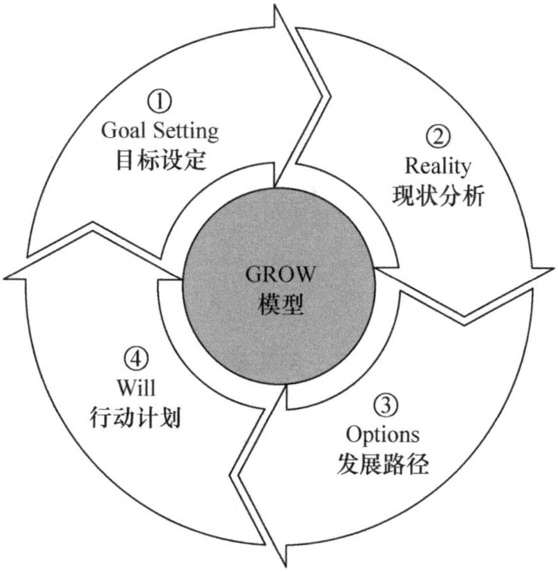

图 4-6　GROW 模型

对于 What，经常被询问的方式有以下几种。

- 这件事你要做成什么样呢？

- 你的做法有什么特点？

- 你要如何设置目标？

对于 What 的理解，有一个值得借鉴的办法，即将整个目标设置和任务分解的方法论体系带入其中。所谓的你要把事情做成什么样子、实现一个什么实例，本质上都是对任务目标的设定，越是抓住事物的特征，越能设定出合适的目标，也能说得越清楚。

此外，还有一个 **3W 提问结构**：What？So What？Now What？如图 4-7 所示。

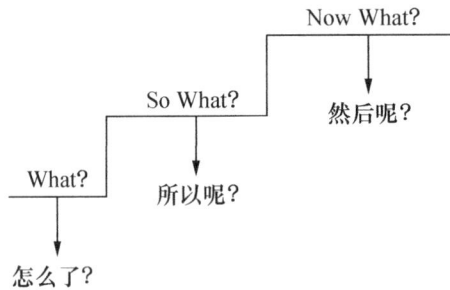

图 4-7　3W 提问结构

What？——怎么了？是对现在发生的事情的提问。So What？——所以呢？是对过往经历的提问。Now What？——然后呢？是对未来可能性的提问。

3W 提问结构可以遵循一个既简单又有效的问答流程。

- 发生了什么问题？

- 这个问题曾经发生过吗？

- 你满意这个结果吗？为什么？

- 在工作上有没有类似的问题？情况相同吗？

- 这个活动让你对自己有什么样的认识？

- 对于接下来的活动或你的工作，你想要改进的地方有哪些？

ORID 焦点讨论法也是一种提出问题的方法，如图 4-8 所示。ORID 方法的源起，要从"二战"后说起。在太平洋战争中，美军有一位叫约瑟夫·马修的军中牧师，他在大学任教时，一直在思考如何帮助那些参与战争的人们，对那些发生在他们生命中的事件进行有效的处理，从而寻求更多的意义。他在一位艺术教授那里得到启示，人们在体验或经历后的对话能够创造出意义（看得出这位艺术教授采用的是体验式教育），于是就产生了这种方法，目的是帮助人们进行更为有效的深度对话，以发现更多对自己有意义的价值。

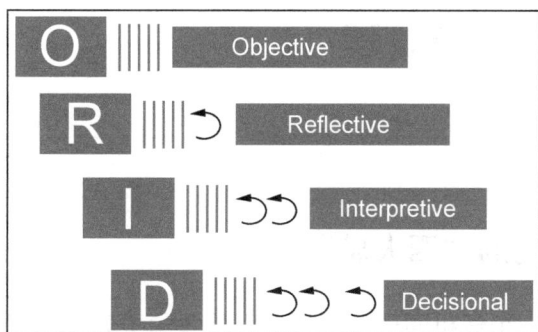

图 4-8　ORID 焦点讨论法

ORID 提问结构也可以遵循一个简单有效的问答流程，具体内容如下。

- 活动中让你印象深的是什么？——客观性（Objective）层面。

- 让你联想到过往经历的是什么？——反应性（Reflective）层面。

- 对你而言有什么收获？——诠释性（Interpretive）层面。

- 接下来，你有什么决定或行动？——决定性（Decisional）层面。

▼／第五章
有效控场的情感管理

☑ 阻碍控场的"四大忌"

研讨会是一个危机四伏的现场，即使是最成熟的引导师也不能保证下一场能够顺利地实现目标产出。前面我们介绍了诸多研讨会设计和交付的技巧和要求，都是非常"正面"、能够为研讨会加分的内容。下面我们谈一谈在能量场内潜伏的风险和那些"看不到"的内容。

研讨会交付现场也涉及多种能力，在此我们针对的是优秀引导师素质模型中的控场能力。掌握控场能力之前，我们要知道其中的风险点，这是阻碍控场的"四大忌"，如图 5-1 所示。

第一忌：被意见领袖左右

意见领袖是谁？意见领袖喜欢发表意见，引领大家的思路，左右多数人的态度。然而他的思想和经验有一定的局限性，会影响团队的判断和决策。

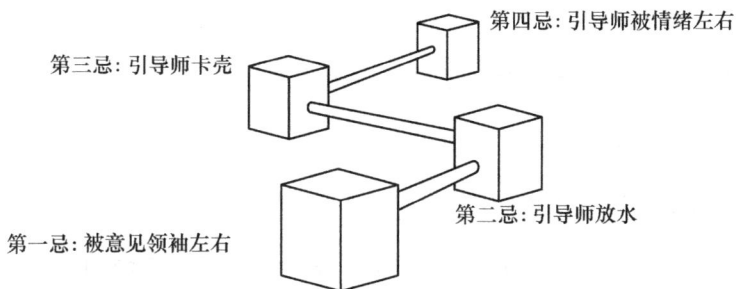

第四忌：引导师被情绪左右

第三忌：引导师卡壳

第二忌：引导师放水

第一忌：被意见领袖左右

图 5-1　阻碍控场的"四大忌"

意见领袖之所以为意见领袖，是因为他们拥有以下一些特点：

● 拥有行业内较深的沉淀和积累；

● 愿意思考，观点易被接受；

● 观点比较独特，会给人以启发；

● 性格外向，表达能力和感染力较强。

意见领袖令人又爱又恨，在研讨会中，当讨论需要集思广益产出方案而大家又没有思路的时候，意见领袖可以打破僵局，产生新的观点。但他们善于独立思考，喜欢发表不同的意见，容易把讨论内容引至另一个方向，甚至对引导师进行挑战。

那么，如何应对意见领袖？结合我们积累多年的研讨会经验，我们认为有以下 4 点可以借鉴。

● 前期做好用户画像（参见第七章），对于研讨会现场可能会产生的意见，意见领袖要充分了解，做好心理预期与应对策略。

● 我们在讨论的过程中，要明确每个环节的目的，偏离时要及时拉回来。在讨论环节，我们可以设置倒计时闹钟，提醒时间进程；也可以善用积分卡，及时表扬那些表现优异的小组。

● 在研讨会起始阶段就制定一些共同遵守的规则，对于什么时候发言、如何发言进行清晰的界定。

● 给予正向激励，在合适的时机给予意见领袖正向的反馈；在需要发表专业领域内的观点时给予其更多的表达机会。

第二忌：引导师放水

引导师放水是一件非常严重的事情。为了赶流程而忽视产出质量，流于表面地往下走无疑是饮鸩止渴的做法。虽然在计划时间内结束是值得我们追求的目标，但当涉及一些重要主题，例如，战略、愿景、人才时，研讨会延长几个小时甚至到午夜的情况也屡见不鲜。这其中的原因可能是参与者们的意见不同，讨论激烈；也可能是因为参与者们在后期找到了新的突破点；还有可能是参与者们对结果产出不满意，不断更新迭代寻找更优方案……如果情况受限，实在难以在当天得到产出，择日继续此环节也是可行的办法。任何一种形式都远远优于重形不重质的做法。那为什么会有这样的现象存在呢？有以下几个方面的原因及相应的对策。

第一，意识层面。引导师绝不能有走过场、赶流程的想法。与培训师、主持人的角色不同，在大部分时候，引导师需要为结果负责。重形不重质的做法是对结果不负责、对客户不负责，也是对自己不负责任的体现。因此，引导师需要在意识层面引起高度重视。

第二，控场层面。"走流程""赶过场"的背后是研讨会没有在规定时间得到目标产出，或者是产出的质量不过关。追溯其本质原因：其一，引导师对研讨会的目标、主题内容理解得不够深入，没有信心讲好，没有能力帮助参与者产出；其二，引导师缺乏洞察力，无法提出洞见，难以为参与者提供新的灵感，使研讨会现场能量流太弱乃至一潭死水；其三，引导师不擅长借力打力，难以通过优秀参与者推动研讨会进程。

第三，理解层面。这是指引导师对研讨会的目的、主题理解不够。研讨会的重点是要给客户带来价值，不要舍本逐末、南辕北辙。

第三忌：引导师卡壳

为什么会卡壳？卡壳直接反映出引导师的问题主要是知识积淀不够，无法提供足够的洞见以支撑研讨会的进程；其次是引导师在研讨会前期没有做好充分的准备，包括没有做好前期调研，对主题内容缺乏深度了解。因此，引导师应该充分预想可能会发生的状况。

为此，引导师永远要比别人多想三步：要会做预判；要带节奏，而不是被带节奏；要输出能量，而不是等待被输入。

虽然引导师要带领团队进行产出，但这不意味着其本身要成为思想家。除非在相关行业有多年的积淀，否则建议引导师在现场要避免陷入专业领域的讨论和指导，因为你很可能比不上参与者在其专业领域的专业度。引导师的专业体现在通过引导技术帮助参与者达到产出。

因此，在面对这种情况时，一个既明确又明智的做法是需要借助参与者力量的。当引导师卡壳时，要有耐心等待参与者的反应，借助参与者的智慧。例如，可以利用意见领袖为大家开辟新的思路，也可以通过划分"天使魔鬼组别"的方式，利用参与者智慧，开启下一个进程。

第四忌：引导师被情绪左右

引导师在现场容易被自己的情绪高低所影响的一个主要原因：过于关注自己。在研讨会最初，引导师就应该设置好自己的情感基调：管理自己的反应和本能，致力于保持心情平静。

当人们受到情绪的极端波动影响，行为也容易变形。情绪管理并不容易做到，杏仁核劫持的现象也屡见不鲜。杏仁核是人的大脑内部的一个结构，感性思维就发生于此，它是一个人的情绪中枢。研究显示，当人产生情绪波动时，脑结构中杏仁核的位置会被激活。当情绪被劫持，人们容易产生极端行为，而事发时当事人也难以察觉。因此，识别情感按钮是重要的！当在研讨会现场经历极端情绪时（这种情绪常常发生在被挑战、被否定时），引导师要及时关注并进行管理，度过最初难熬的几秒，稳定情绪。

防止杏仁核劫持的一个有效途径是情感柔道。情感柔道是指在设置好情感基调的基础上，通过同理心争取共鸣及发现看法：建立共鸣并改变对立的位置；远离压力情境，换个环境；反馈别人的话，以确认对方所希望的解决方案和想达到的效果……其中，你和对方要亲自担负起责任，寻求对方的配合，共同找到满意的方法。最后，改变视角，发现差异：引导对方换位思考并从新的角度看问题，从而引导对方发现双方的差异点或矛盾点。

☑ 冲突管理的技巧

冲突这个词，大家应该并不陌生。例如，公司每到年底，一旦涉及报预算、报决算，其他部门总是和财务部门冲突不断。

冲突是由什么原因造成的呢？

第一个原因和资源的稀缺性有关。 例如，某个人要和老板汇报工作，这时门口排着长长的一条队，但他手头的工作又特别紧急。要是他一旦插队，肯定避免不了冲突。

第二个原因和个人性格有关。 例如，一个人过于争强好胜也容易和别人发生冲突。除此之外，急性子或慢性子的人也容易与其他人发生冲突。有一种人属于思考型，平时爱思考，思考有一定的深度；还有一种人是行动型，做事雷厉风行。这两种人碰到一起，也难免会发生冲突。思考型的人认为行动型的人冒进，行动型的人认为思考型的人磨叽。出于性格层面的原因，人和人之间的冲突也是比较常见的。

第三个原因和目的性不一样有关。 不同部门在公司所担的重任是不一样的，也容易发生冲突。例如，市场部门和财务部门，因为市场部门的目标是花更多的钱获得更多的客户，而财务部门的目标是少花钱或者控制好预算，保证公司利润。这样的两个部门在工作分工方面会发生必然的冲突。但有的冲突不光发生在内部，外部冲突也很常见。对同一个事物的理解，或者对同一个事物的时间节点、品质要求不一样，也容易发生这种冲突。

一个团队是由拥有不同价值观、特质和动机的人组成的，因此冲突、争执都是引导师常常要面对的挑战。想象一个画面，当你主持一场研讨会时，有成员因为意见不合而发生争吵，或是大家集体沉默，气氛变得尴尬，面对这样的情景，你可能有些上火。此时，你能做些什么呢？

（一）冲突管理——三共模型

冲突是研讨会中经常出现的场景，比较常见的是在激烈的研讨过程中，成员因意见不统一或立场不同等产生冲突。冲突有很多种，也比较难定义，它是一件纯粹的好事还是坏事，取决于引导师的处理方式。如果冲突管理不佳，对于团队是有很强的破坏性的，极端情况会导致参与者之间加深矛盾，乃至使合伙人分道扬镳；如果冲突处理得好的话，反而会提升成员的认知能力和战斗力。

冲突的制造者常常是那些成就动机比较高的人。成就动机高的人的人生信条就是去赢，去获取胜利，他们更有可能会和别人去争斗，虽然在工作中发生冲突，但其本质的出发点是更好地赢得工作、赢得成果。冲突制造者本质上不是为了引发冲突，而是在去赢的过程中，更容易出现这样的情况。

那是不是所有的冲突都是负面的呢？其实无论是在研讨会上还是工作中，冲突都难以避免。例如，部门和部门之间有利益博弈，容易产生冲突；人和人之间的性格、行为方式、工作风格有差异，容易产生冲突；我们对于某个事物的观点有不一样的见地，也容易产生冲突。冲突的对象有上级、下级、同级、客户等。冲突不用去制造，它时时刻刻都存在，根本无法回避。

面对冲突，不同的人也会有不同的反应：有的人会去直面冲突，善于把握冲突；而有相当一部分人是回避冲突的，不敢去面对，也就是习惯性地回避冲突。冲突不解决的话，容易积小成大，最后变成事故。发生在研讨会上是引导事故，发生在工作情景中是管理事故，甚至演变为管理顽疾，那时候就需要花费数倍的力量和代价去处理了。

人和人之间的矛盾往往是由小事引起的，即原本很小的事情最终变成了大的冲突和矛盾。冲突管理的技巧不仅适用于研讨会场景，也适用于工作场合。由于冲突在工作中更为常见，所以我们以工作中的常见冲突为切入点，让大家更容易理解如何管理冲突，学会方法、领会诀窍后也可以迁移到研讨会的场景中。我们以两个工作中的常见情景为例来说明冲突管理的方法。

工作中有一个典型场景，即管理者问责或者当结果不太好的时候去追寻背后的原因。大多数员工倾向于去寻找客观原因，找来找去都是别人的问题。例如，销售部门会说，人力资源部门没有配好资源，品牌营销部门没有做好品牌传播，品牌不行，人也不行，销售业绩理所当然也不行。听起来是这个逻辑，但是人力资源部门认为业绩不好，市场没有口碑，没有好的待遇，我怎么能招到人呢？人力资源没有招到人，业务部门又没有做好业绩，管理者听了往往就会非常生气，矛盾也容易被放大。

工作中还有一种比较严重的情况，即员工与管理者意见不一致，甚至存在严重分歧。这样员工很难在这家企业良好地发展下去，他的职业生涯也会受到影响。

上述两种冲突情景都十分常见，但是怎样去解决呢？

我们先思考一下，为什么会发生冲突？无外乎以下 3 种情况。

第一，方法不共通。例如，老板要求做岗位梳理，为以后工作的开展做铺垫，但是在具体实施过程中，老板认为把事情搞定就可以了，和人没有关系。而人力资源部门认为应该做全员调研，获取最充分的依据。对于同样的事物，不同人的逻辑和视角不一样，就会在很多事情上发出不一样的声音。古人云"言有尽而意无穷"，每个人的言语所表达的意思可能有所差异，所以先要做好语言的共通。

第二，情感不共鸣。例如，公司遇到业务挑战，老板着急的是公司的未来发展、下个月有没有现金流、公司怎么活下去，而有的人着急的是没达到绩效指标要扣工资，怎么养家糊口。两种情感没有对错之分，但如果不能理解彼此，就无法产生共鸣。在产生共鸣前，每个人都要有比较好的自我管理，不能被情绪所掌控。搞定事情之前要先搞定人，搞定人之前要先搞定人的情绪。

第三，思想不共识。很多时候，我们发现有了情感的共鸣和方法的共通也会发生冲突，究其原因是没有达成思想共识，或者说对目标方向没有达成共识。例如，某部门的目标到底是要实现每月销售额 100 万元还是每月利润 100 万元。在一些场景中，当存在争执时，我们不妨问一句，这个事情的最初目的是什么？明确了目的就容易把陷入冲突的人拉回来。

方法共通、情感共鸣、思想共识，可以合并称作**三共模型**，如图5-2所示。如果能达到"三共"，就能比较好地处理工作上的冲突，为冲突管理提供有效的方法。

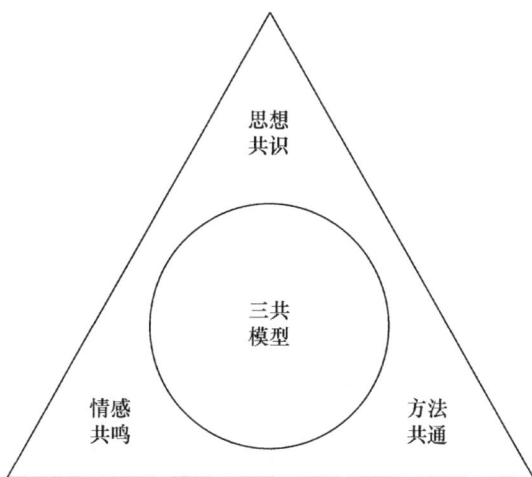

图5-2　冲突管理的三共模型

关于冲突，还有一种很有意思的情况，即虽然下属经常被老板骂得不行，但老板特别信任下属，下属也比较信任老板，他们彼此之间建立了很强的信任感，即使表面上骂得很厉害，但是他们背后却拥有很强的情感共鸣，不会产生真正的冲突。情感共鸣在冲突管理中非常有威力，那么如何形成情感共鸣？我们将介绍一种情感共鸣的工具——情感柔道。

（二）情感共鸣的工具——情感柔道

柔道和格斗有什么区别？

情感柔道的柔，来自武术中的柔道，更多的是非正面的、巧妙的借力打力和以柔克刚的方式。所以，情感柔道这个词有两个关键点：一个是情感；一个是柔道。格斗，就是正面的冲突，正面的搏斗。在冲突管理中，常用的方法是格斗，而不是柔道，因此容易发生正面的冲突，并且冲突容易升级、放大，甚至变成事故。例如，冲突会导致员工离开公司或使员工之间的关系变得非常糟糕，又或者使公司内部的利益冲突比较明显，导致绩效下滑。所以，在这个过程中，我们要知道如何做好柔道而不是格斗，其关键点在于从情感的视角入手。因此，情感柔道呼应情感共鸣。情感柔道四步法如图 5-3 所示。

图 5-3　情感柔道四步法

情感柔道有 4 个具体的步骤，每个步骤都有难点。

1. 设置自身情感基调

这个步骤指的是要保持镇静，当一个人生气时，很难真正地和别人相处。所以，情感柔道本质上讲的是情绪的自我管理。每个人都有自己的情感按钮（Emotion Button），当情感按钮被触发时，就容易被情感所掌控，做出过激的行为，所以要找到自己的情感按钮是什么。每个人都有不一样的情感按钮，有的人因为不受尊重，有的人因为意见相左，有的人因为集体沉默。

一方面，要知道自己的情感按钮。觉察自己的情绪在什么时候容易被激发，在什么时候容易产生波动，在什么时候容易被掌控。

另一方面，当你被情感掌控时，要快速地进行自我管理。这种管理有以下 3 种方式。

第一，转变情景。例如，今天在办公室很压抑，那我可以走出去，去草坪上散散步，有的人换一种环境，情绪就会变好。

第二，换个状态，强压自己的情绪。根据研究发现，情绪容易被掌控的时间是 6 秒，把这 6 秒度过去，就不容易发生冲突。我们可以发现，很多影视剧里的领导经常有个动作，就是被情感掌控的时候，他们会拿茶杯喝喝水，喝水过程耗时 6 秒左右；有的领导喜欢到旁边去洗手，洗手的时间差不多也是 6 秒；还有一种是在心里默念一个口诀，例如，"世界如此美好，我却如此暴躁，不好不好"，差不多也是 6 秒的时间。

第三，改变一种视角。对同一个问题改变一种看法，心态可能就完全不一样了。例如，你的手机被别人碰到地上摔坏了。你可以认为手机为你的快乐服务，而不是我为手机的快乐服务。

设置好情感基调，使自己的情绪归于平静是第一步。但是仅有第一步是不够的，重点在第二步，在这个过程中我们要设身处地地用同理心去理解对方。同理和同情是有区别的，这两者有一个很大的区别在于，同情是一种居高临下、不对等的关系，一般是同情者自以为比被同情者要强大。抱有同情心态，人很难去做好相应的冲突管理，所以同情不但不利于冲突的管理，反而会加剧冲突。

2. 争取共鸣发现看法

首先，要放下自己的观点和见解，尝试从他人的角度考虑问题。 这种方式被称为同理（Empathy），在英文中的表述为 Stand In Others' Shoes，即站在他人的立场换位思考，期望能够建立共鸣并改变对立的位置。

其次，要远离压力情境，换个环境。 将双方从冲突产生的环境中拉出，换一个地方。例如，从工作场景转移到咖啡厅，减少刺激情绪的刺激物，也使双方从冲突中挣脱出来。

再次，反馈别人的话及反应，以确认对方所希望的解决方案和想达到的效果。 在前两个步骤奠定基础后，此时已到了开诚布公地沟通与解决问题的时刻。具体做法是先对对方之前的观点进行回应，再寻求对方对于问题解决的预期。

最后，询问有帮助的问题，发现对方的看法、假设、逻辑等。 这一步是发现"What"，了解对方的观点与想法，为下一阶段做准备。

3. 改变视角发现差异

在这一阶段，我们要做的是管理对方。具体来讲，管理对方就是要引导对方换位思考并从新的角度看待问题，引导对方发现双方的差异点或矛盾点。这个做法很重要，但并不是那么容易。一个管理者的职责有两点：一个是帮助他人成长与成功；另一个是帮助他人的认知升级，即从不同的层面与视角看待事物。

4. 共同行动

共同行动指的是发现差异后制订一个共同承担责任的计划，这样不但能够与对方产生同理心，还能让自己投身进入计划，与对方共同行动。这一阶段是寻求"How"的过程，具体来说，是要双方都担负起责任，寻求彼此的配合，共同找到满意的解决方法。

情感柔道是冲突管理中一个很好的引导式工具，按照这些步骤能够取得不错的效果。需要注意的是，自我引导也是很重要的。引导师不仅要帮助他人成长，也要帮助自己成长。

▼ 第六章
总结提炼内容产出

☑ 归纳要点总结概括

概括是指从整理每个人的发言逻辑入手，帮助其用简短的词语概括模糊不清的发言，或改用简易的方式表达。概括有以下 3 个基本方式。

首先，确认目标和主题。 引导师在参与者说完之后，要和其确认发言的出发点是什么。举个例子，一次研讨会的主题是"是否应该采取措施应对当前的问题"。一位成员的发言是"嗯，从我们这个角度考虑的话，我认为有几件事情是可以做的，例如……"，我们发现该成员的主题有些跑偏。这时，引导师在其发言之前，应该及时确认主题。引导师的一种引导方式可以是"稍等稍等，我们现在的主题是'是否应该采取措施'吧？"研讨会上的每分每秒都是宝贵的，放任个别成员跑题会导致研讨会整体产出低效。确认目标和主题不仅对研讨会非常重要，对日常的常规会议也很关键。会议主持人如果缺乏保持主题的敏锐度，常常会出现一个人把讨论主题带偏、其他人跟着跑题的情况，而当会议主持人反应过来的时候，主题已经很难被拉回来了，或者已经浪费了很多时间，这也是很多人反映开会效率低的主要原因之一。培养确认目标和主题的习惯可以从日常的讨论会开始刻意训练。

其次，归纳要点。引导师要从发言中，归纳出符合论点的重要部分并确认它们是否符合论点。举个例子，在一次关于搭建绩效考核制度的研讨会中，其中一位成员的发言是"我们的绩效考核制度是不合理的。什么是努力，什么是偷懒，貌似两者没有什么本质的区别"。这位成员的发言其实反映了之前绩效考核的实际问题，此时引导师要及时归纳要点，"好的，我来总结一下，你的意思是绩效考核制度是不合理的"。另外，归纳要点还有一些常用的技巧，例如，"那么，要点是？""能否用一句话简单概述一下？"

最后，改用简单易懂的方式表达。当成员的发言出现模糊不清的词语时，引导师应对它给予具体解释，或改用其他词语表达。举个例子，在一次研讨会中，一位参与者说了很长一段话："第二季度以后，我们的分发量一直在目标上下徘徊不前，甚至可以说业绩有些停滞。尽管与4～5月相比，我们采取了一定的策略，但PM的指示有时贯彻不到位，还存在朝令夕改的现象，而且指示本身也没有一次说到点子上的。"这时，引导师需要对这种大长段发言做简化处理，让所有人都能听懂，一种可用的引导方式是"好，我来重复一下你的观点，你的意思是我们的分发量最近停滞不前，原因在于 PM 下达的指示存在问题，对吗？"另外，当成员的发言表述不清楚时，引导师可以适当追问，让其解释清楚。例如，"你能不能对这里的'市场'与'内容'给个定义？"

> ▶▶▶▶ **练一练**
>
> **工程师管理者会议，Jack 主持，议题：关于工程师序列的讨论（J：Jack；G：高某）。**
>
> G：这是我起草的工程师序列，大家可以看一下。
>
> （省略中间的讨论部分）
>
> J：我还想问一下工程师从 Level 1（职级 1）～ Level 4（职级 4）有没有一句话的描述？
>
> G：有的。Level 1 要完成既定工作；Level 2 工作范围更大，需要有创新的想法；Level 3 是整个领域内的专家，能给出测试方案；Level 4 指行业内专家，非常有名。
>
> J：关于 Level 3，我觉得我们还是要再看一下（起身走到玻璃白板边，开始画图），我们现在讨论的目标是什么，即对 TE 职责的界定。这包括：（1）产品线的测试负责人这个职位的要求是什么；（2）解决现有问题：①外包本身的测试质量不够；②测试的方法和流程的改进在外包那里得不到完全解决。所以，TE 现在的职责范围为什么不是 SET+ 外包解决？
>
> G：现在，我们部门关注其他的地方。

J：所以，基于这些问题我们是否要招新人？根据上述两点问题来看，我们部门的职责是什么？看起来不用招 Level 1、Level 2 级别的工程师也可以把这件事解决。

G：我的疑问是工程师序列是一定要解决问题吗？

J：这可以很好地和其他部门做考核对比，我觉得你还是需要把这件事想清楚再去做会更好。现在，我们在讨论时还是会出现很多问题，我们一定要根据工程师的工作职责来确定。

请结合之前的知识点，谈谈在上述的案例中，Jack 作为会议的引导师在以下 4 个方面的表现。

- 他看见了哪几个基本动作？

- 他在哪些地方值得鼓励和表扬？

- 他在哪些地方有待提升？

- 如果是你，你会怎么说？

掌握概括职责的关键步骤：

- 确认主题；

- 修正主题；

- 重复观点（详见第二节）；

- 按照主题进行归纳概括，做到大胆删除，保留主语和谓语；

- 补充内容以使句子完整，找出发言结构，对概括的要点进行判断；

- 不要忽略模糊不清的词语；

● 改变表达方式，统一认知。

☑ 重复在研讨会中的应用

对大多数人而言，重复意味着我们需要再体验一遍过去的经历，这种体验缺乏新鲜感，因此难以带给我们愉悦感。但是对引导师而言，他们却需要掌握如何在研讨会中善用重复，通过相似的经历，带给参与者全新的体验，以及更大的冲击。

"打造高效能团队"是一场为期两天的研讨会，引导师不仅要带领参与者学习打造高效能团队的方法，更要通过体验活动的实践方式加深参与者对课程方法的理解，最终把打造高效能团队的方法贯彻落实到工作中。

"高效能团队"有四重境界：第一，有效配置资源，使资源得到最大限度的共用和复用；第二，重新激发团队成员的潜能，帮助团队成员实现自我；第三，全面提高绩效，并在有限的时间内大幅缩短与目标的距离，实现绩效的最大化；第四，真正使团队可持续发展。

"高效能团队"又被称为"五胜团队"，即"上下同欲者胜，知行合一者胜，人尽其才者胜，相生相长者胜，汇能聚气者胜"。研讨会围绕这"五胜"展开——第一步，制定激动人心的团队目标；第二步，明确团队行为的准则；第三步，明晰团队成员的职责分工；第四步，团队期学习与成长；第五步，持续激发团队的能量。

每个部分都配有相应的练习，除此之外，研讨会还配备了一个综合体验活动——重返地球，这与课程内容紧密结合。在体验环节中，引导师巧妙地应用重复的方式加深参与者对课程的理解。

G 集团是一家大型民营企业，年营业额超过 1500 亿元。为了快速布局新兴产业，提拔一批继任者，G 集团成立了一个高潜项目——潜龙班。潜龙班的参与者都是 35 岁左右的高潜人才，包括高级经理、初级总监，共 55 人。"打造高效能团队"也是此次高潜项目的重要组成部分。

这 55 名高潜人才具有管理的实践经验，也接受过一些管理技能的训练。在交流方法的环节，大部分参与者并不认真，时不时拿着笔记本电脑处理公务，或者去"停机坪"拿手机处理信息。在练习环节，大部分人也是马虎应对，仓促而草率地提交了成果。

在经历了最后的综合体验活动之后，研讨会的整体气氛发生了颠覆性的变化。在最后的 Check out 环节，每个人都经历了深刻的反思。一位销售总监说："我之前觉得这个课程很简单，我一直在制定目标、团队准则，在工作中也常常用得上。所以在此过程中，我也没太认真对待，刚才玩'重返地球'的时候特别混乱，一下子让我明白了这门课程的精髓。回去后我要再好好看看课程的讲义，把这个方法应用在工作中。"另一位高级经理说："这个课程对我来说很及时，在刚被提拔的这一年里，我有些晕晕乎乎的。因为之前我只负责一个小团队，提拔之后领导把另一个团队安排给我管理，所以从课程开始，我就很认真，但是在讲到制定团队准则时，没太明白为什么要有团队准则，心想我们按照公司的明文规定或者规则工作就好了。但是刚才的体验环节让我印象深刻，虽然公司有大的规定，但对我们团队来说，也需要有自己独特的行为准则，大家才能在同一水平上对话。接下来的一个月，我要带着团队好好梳理一些目标和行为准则，提高整个团队的战斗力。"

在体验环节中，究竟发生了什么？这就要看重复的力量。

在研讨会中，重复是如何带来有冲击力的效果的呢？其中的秘诀就是"反差"。通过重复的方式，参与者能看见前后两次的巨大反差，会对自身的固有观念产生极大的冲击，并迅速对方法认可且进行有效吸收。

在"重返地球"的体验互动中，每个团队作为意外落难在艾达星球上的探险队需要在 21 天（21 个回合）之内与地球联系，获得救援。每个团队成员获得自身所扮演角色的卡片，卡片上有丰富的信息，团队需要根据这些信息做出决策。这是一个富有压力的场景，如何高效应对，考验着团队领导者和团队成员的能力。每个团队都有两次生命，每次生命有 30 分钟的时间。

在第一次生命中，每个团队都是靠直觉完成任务。在场的 6 个团队，在拿到角色卡之后，无一例外都立即开始了七嘴八舌的讨论，现场热闹且混乱。20 分钟过去了，3 支队伍未向前迈进一步，2 支队伍只向前迈进了 2 步，另一支队伍状况不错，已前进 5 步。引导师提醒大家注意时间，各个小组意识到只剩 1/3 的时间时，加快了节奏，但是仓促之中的结果并不好，没有一支队伍成功走出困境完成任务。接着，各小组重新开始第二次生命。与第一次生命形成鲜明的反差，其中 4 个小组在几分钟的讨论之后，开始快速行动，有一支队伍用时 13 分钟，另一支队伍用时 15 分钟，便成功达成了目标。虽然是一次重复，但是却带来了完全不同的结果。

在所有小组完成挑战之后，引导师请大家复盘刚才的过程，并且分享心得。最早完成的小组代表说："我们第一轮完成的情况并不好，在第二轮开始后，我们首先讨论、思考如何制定行动规则——大家按顺序发言，每轮由组长综合考虑并决定前进的方向，如果出现问题就退回。所以我们进展得非常快，很快就完成了目标。"另一组的代表说："我们和第三组的情况类似，先是明确了我们的目标和行为准则，只是我们采取了民主表决的形式，少数服从多数，主要是开始的时候走错了方向，不然我们肯定可以比第三组更快完成。"

重复并不代表着毫无新鲜感。善用重复的引导师会借助重复带来的对比，给参与者强有力的冲击，帮助其觉醒。

▼／ 第七章
用户界面化学反应

☑ 研讨会前的准备——用户画像

引导技术是什么？在之前的章节中我们给出了定义："引导技术是基于某个设定的目的，通过对一个特定人群激发能量、汇聚能量和传递能量的过程。"曾有朋友在这个定义的基础上提出了一个问题：引导技术是一门技术吗？

我们的回答："是技术，也是艺术。"之所以称之为技术，是因为它满足了"有目标、有方法、有工具"的三大特点；而称之为艺术，是因为它的设计和交付需要根据不同对象、不同场景来切换，不机械，但有着微妙的"度"与"量"。这有点像中国厨艺，用料皆是"少许"，但多一点和少一点做出的味道就大相径庭。在研讨会现场，每分钟都是黄金机会，每分钟也是严酷考验。如果把握得不到位，后果往往是严重的，结束后被客户要求更换引导师，或是得到负面反馈的情况。因此，引导技术中最难的部分就是对用户需求与人性的把握。

　　把握用户需求，首先要定义用户。该如何定义用户呢？我们在此借用一个大数据行业言必及之的概念——用户画像，如图 7-1 所示。从中文概念来讲，用户画像与用户角色非常相近，是用来勾画目标用户（用户背景、特征、性格标签、行为场景等），联系用户诉求与设计方向的有效工具。而研讨会中的用户画像有两层含义：一是与研讨会的决策者深度沟通，弄清本次研讨会的期望，有的放矢；二是了解本次研讨会的参与成员，在交付过程中能更准确地"把握人心"。用户画像是避免一些现场冲突的有效方法，也是激发引导师洞察的重要来源。

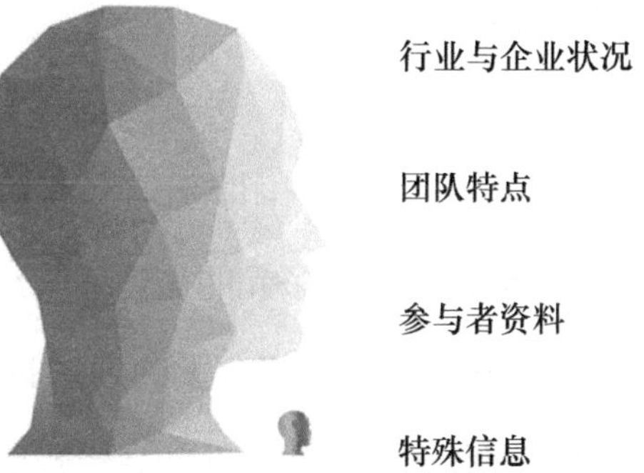

行业与企业状况

团队特点

参与者资料

特殊信息

图 7-1　用户画像

用户画像中应该包含什么内容？

　　想交付出高质量的研讨会，引导师要在开始前做大量的准备工作，要对以下 4 个方面内容有充分的了解。

1. 行业与企业状况

行业信息有外部环境 PEST 分析、消费者需求、市场容量、竞争状况等。企业信息包含但不限于企业性质（国企？民企？外企？还是其他？），业务方向（目前的主营业务、因战略调整而即将发展的新业务），战略目标，组织架构，相关人员背景，市场占有率，经营情况，决策者对此次研讨会的期望等。必要时，也需要了解一下企业竞争对手的信息。通常情况下，虽然引导师并不需要对结果负责，也不需要帮助其进行专业的决策，但对于行业和企业信息的熟知是十分重要的。它能让你对研讨会的过程和产出有最基本的判断，并基于此判断做出合适的反应。对参与者的不熟悉是现场引导能量场的一个重大挑战，引导师也因此容易受到质疑和挑战。因此，引导师只有做好充分准备，才能对研讨会的设计和现场交付有充足的信心。

2. 团队特点

来参与研讨会的团队有何特点？团队处于什么阶段？团队成员间是否相互认识、熟悉？他们是否来自多元的文化环境？以前有没有参与过类似主题的研讨会？……这些因素都会影响到研讨会的流程设计和现场交付的质量。例如，团队成员间是否熟知会影响研讨会的破冰、热身和分组环节的设计；若团队成员来自不同的文化领域，则需要对其文化背景有充分的了解，以防现场产生冲突；若团队参与过类似的研讨会，则需要对研讨会的环节进行精心设计，避免有大量的重复环节，并突出亮点。

3. 参与者资料

参与者的基本信息包括姓名、性别、年龄、职位、职级、业务单元、在职时间、所属地区、联系方式等。

4. 特殊信息

设想一下，当你第一次与一个团队接触并引导一场研讨会时，你按照正常的流程进行却出现了一位意见领袖对你的某个观点表示质疑，而你经过解释也无法将其说服。这样的意见领袖出现的概率非常大，有的是领域内专家，有的是性格使然，这时你应该怎么办？又或者你为之前一个并不熟悉的团队做了一天的会议引导，情况并不乐观，大家没有积极响应，一些人看上去有厌烦的情绪，还有一些人公开表示不高兴，你要怎样才能使会议继续有效地进行下去？

要想使参与者积极投入，避免一些对引导师非常不利的意外状况发生，我们首先要清楚可能会在研讨会现场发生的状况：谁会是意见领袖？谁富有能量？而谁最需要被激发？

这些潜在的可能会影响到研讨会设计和现场交付的因素是我们需要提前了解的特殊信息。

如何获取这些内容？用户画像信息常见的获取方法如图7-2所示。

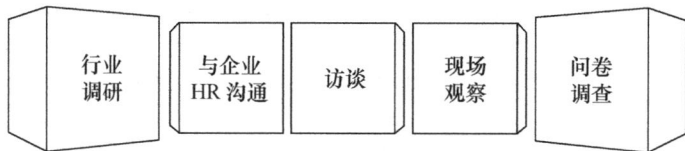

图 7-2　用户画像信息常见的获取方法

第一，行业调研。全面系统地调研整个行业和主要企业的发展现状及发展趋势，为引导师提供若干方向性的思路和依据，从而避免发生方向性错误。

第二，与企业 HR 沟通。寻求 HR（人力资源顾问）的协助，弄清你所期望搜寻的资料，并通过 HR 了解一些需要注意的特殊信息。

第三，访谈。分别对决策者、参与者、参与者的上下级进行访谈，了解组织的目前现状。

第四，现场观察。参与一些前期会议或在交付现场实时观察每位参与者的性格特点。

第五，问卷调查。可以通过问卷调查获得一些特殊的、难以公开的信息。

在用户界面方面，能力也是分层级的，从低到高依次分为了解用户、建立关系、友好互动、深度沟通、默契同心 5 个层级。首先，引导师应该对客户初步了解，包括在前期了解参与者的资料，在现场快速了解参与者的情况。其次，引导师要在了解用户的基础上和参与者建立友好的关系。再次，引导师和参与者在研讨会现场可以进行友好的互动，有利于引导研讨会的顺利开展及产出结果。然后，良好的互动会加深引导师与参与者之间的深度沟通，这样引导师才能够洞察参与者的内心和秉性。最后，研讨会的目的是为客户服务，让客户满意。引导师与参与者的深度沟通是为了更好地支持团队达成目标。

总之，用户画像是了解用户、为客户带来优质体验的第一步，也是一场成功研讨会的基石。

☑ 如何在引导过程中洞悉人心

一名优秀的引导师需要具备 5 项能力：控场能力、激发他人的能力、总结提炼能力、情绪管理能力和保持良好用户界面的能力。这 5 项能力的施展都有赖于一个共同的基础：在引导过程中洞悉人心。

研讨会相对于日常工作是一个较为独立的研讨氛围，在此过程中，参与者展现出来的行为大多是其动机与价值观综合作用的体现。美国哈佛大学教授戴维·麦克利兰是当代研究动机的权威心理学家之一，他提出了著名的三种需要理论，并得出了一系列重要的研究结论。

所谓动机是指一种持续、反复地对目标状态的关注。这种关注是一种自然、自发的动力，它可以激发、引导和选择特定的人的行为，是对目标状态的关注。麦克利兰认为有 3 种动机影响人的工作行为，即成就动机、亲和力动机和影响力动机。

成就动机的主要特征是为达到或超过卓越的标准，改进和提高个人的工作绩效。当成就动机被激发起来时，人们会下意识地关注或思考，达到或超过自己设定的绩效标准，做有创新意义的、独特的或改进性的工作。

亲和力动机的主要特征是建立和保持亲密、和谐、友好的人际关系。当亲和力动机被激发时，人们下意识地关注或思考：建立、恢复或保持紧密而和谐友好的人际关系，被他人喜欢和接受；不愿与他人分离或破坏一个良好的关系，希望恢复与他人的紧密关系；把集体活动看作与他人交往的机会。

影响力动机的主要特征是对他人产生或施加影响。当影响力动机被激发时，人们会下意识地关注或思考；主动为他人提供帮助、建议或支持；影响、说服他人接受自己的想法，按自己的意愿做事，而不是妥协或尝试去理解他人；试图给他人留下深刻的印象，激起他人强烈的积极或消极的情绪反应，看重自己的名声、地位或实力。

引导师了解动机需求理论后，就要在研讨会的过程中，通过参与者的行为表现，较为快速地判断其动机类型。根据过往积累的研讨会经验，高层管理者中影响力动机者和成就动机者偏多，中层管理者中往往是成就动机者偏多，亲和力动机者也不在少数。

如果研讨会内容与参与者息息相关，大部分参与者表现出来的行为背后的影响因素更多地来自其价值观。3 种动机所对应的价值观分别为成就取向、亲和力取向和影响力取向。价值观属于人的认知范畴，即个人认为对自己来说什么是最重要的，价值观是个人有意识的判断。

价值观和动机都能够影响人的行为，但是两者影响的方式不同。价值观是连接动机和行为的媒介，它可以改变由动机导致的行为表现。动机来自参与者积极的情感经历，行为本身就能自我持续，预示长期的行为方式。价值观来自社会教育和强化，行为靠社会强化的影响来维持，预示短期的反应。一般来说，动机影响的行为往往是下意识的，而价值观影响的行为往往是自觉的。

那么，在引导过程中如何激发不同的参与者呢？

在引导过程中，激励高成就动机的人：及时认可和赞赏其发言和行为表现；给予有挑战性的问题或任务让其完成；鼓励高成就动机者尝试一些具有创新性、独特性的话题；引进组与组之间的 PK 机制，并给予相应的积分机制。

在引导过程中，激励高亲和力动机的人：在研讨会的茶歇期间与其进行非正式沟通；邀请其参与协调型工作或组织团队等活动；创造机会让其结交更多新的朋友；在引导过程中时刻给予其关注，并表达友好的态度。

在引导过程中，激励高影响力动机的人：首先邀请高影响力动机的人发言、讨论；邀请其对其他小组的观点和发言给予评价；选其担任研讨小组的组长或请其辅导他人的任务；在研讨的过程中发生较大的观点冲突时，引导师可以在研讨的后期阶段邀请与自己引导目的高度一致的动机者发言。

下篇

Facilitation
and Facilitative
Management

研讨会实战案例

第八章
引导技术激发团队效能

☑ 案例一：引导一场触及心灵深处的团建

提到"团建"，组织方的出发点是积极的：打造团队精神、促进部门间的和谐、提升团队凝聚力……然而，在不少员工眼里，团建 = "团见"。团建的出发点很好，但如果设计不好、组织不好，就成了不少员工口中的话题，人力部门费力不讨好。那么，如何组织一场既生动有趣又能调动员工积极性，还具有冲击力，能真正达到目的的团建呢？

组织好、引导好一场有冲击力的团建有几个要点。我们以给高科技 A 公司的运营和营销部门开展的团建活动为例予以说明。

（一）明确定位团建主题

团建的主题绝不是吃喝玩乐，更不是打造团队精神这种空口号，而是要依据团建主体的特点和具体情况精心设计。我们之前为 A 公司的运营和营销部门量身打造了一天的团建活动，在活动前期设计阶段，我们仔细分析了该部门的特点，发现该部门当前面临的最严峻的问题是新产品营销迫切需要打开市场，然而该部门属于组建初期，新员工人数占比较大。基于该现状，我们为此次团建定的主题是"激发狼性，撕开市场"。

（二）围绕主题设计明暗线

有人说组织团建又不是写小说，要啥明暗线？非也，一场优秀的团建需要提前精心设计，在准备阶段的投入直接决定了团建的质量，好的团建其实都是有隐形剧本的，精彩程度在于剧本的好坏。

明线是指活动线，即一天活动的每个环节如何设计；暗线是指情感线，即预估每个环节如何激发成员的情绪线。白开水一样的情节平淡无奇，因此我们要设计出跌宕起伏、步步深入的团建活动。

我们以这次为 A 公司定制的一日团建为例，看看如何设计明暗线。

1. 设计明线

此次的团建活动持续了一天，从早六点到晚八点，共分为 6 个模块：Check in、10 公里热身赛、挑战不可能、如果有一天、领袖风采、Check out。除了中间的 4 个活动环节之外，开场的 Check in 和结尾的 Check out 是另外两个要点，是传统团建中容易被忽视的点，也是很多团建失败的原因，因此我们接下来予以具体说明。

团建活动开始前要有 Check in。Check in 的原意是登机、入住登记，而这里指的是在活动开始前要有一个环节把所有人聚集起来，明确本次团建的目的，这一步的目的是做好期待管理。譬如常用的期待管理方法，如引导师直接抛出引导问题"关于这次活动大家有什么期待"。在这个环节中，引导师要让参与者明白本次团建不是旅游，不是吃喝玩乐，并恰当地利用引导技术使参与者达成共识，清楚地认识到本次团建的主题是"激发狼性，撕开市场"，接下来的活动环节会有重重挑战，并不容易，需要团队成员共同努力才能达成目标。

团建活动结束前要有 Check out。Check out 指的是在活动结束前的收尾阶段要有一个分享收获与感悟的环节。这个环节需要每个参与者参加，在一个相对安静的地方，所有人围坐在一起，大家静下心来，每个人用 1 分钟的时间谈一谈一天活动下来自己的收获与感悟是什么，与全员分享。引导师在这个环节要做好时间和内容的引导。Check out 是参与者一天活动的感悟总结，是每个人反思成长的关键。很多团建活动的内容五花八门，虽然参与者在过程中也许感触颇多，但由于缺少分享收获与感悟的环节，活动结束后大家直接各回各家，这种感受也被冲淡了，团建的实质作用没有被发挥出来。

Check out 的好处就在于它的及时性和开放性。在活动收尾前，每个人的感受相对比较深刻，而且仍处于团队的气氛中，抛开了职位和业务的隔阂，是敞开心扉的好时机，有利于及时反思、公开分享。每个参与者作为分享者和聆听者时感受是截然不同的，这对于参与者自身的成长和团队的成长都大有裨益。Check out 是团建精髓的点睛之笔。

2. 设计暗线

前文已经对团建活动的暗线进行了解释。值得注意的是，暗线里的情绪指的并不是简单的喜怒哀乐，这只是最浅层次的感受，好的团建要追求更高层次的体验，也就是要设计得有冲击力，能够直达人心，每个环节都能给人带来成长，本着对参与者的成长负责任的态度才能不枉这么多人花费这些时间参与这场活动，要让每位参与者感到参与这场团建有收获、有成长。

下面，我们来细看此次团建活动的暗线。

早晨 6 点，继 Check in 之后的第二个模块是"10 公里热身赛"。这个模块虐体，通过体育竞技燃起每位参与者的斗志之魂，在最开始就要让每个人进入"狼性"的状态。

第三个模块是"挑战不可能"。在这个模块，引导师将团队成员分成若干小组，每个小组拥有 50 元启动资金，不可以直接找亲友转钱，不可以用自己的钱，如何在 2 个小时内赚回 600 元？这个环节虐脑，需要参与者充分发挥聪明才智，是"激发狼性，撕开市场"的实战模拟。小组之间有竞争、有排名，这一轮是头脑竞技。

第四个模块是"如果有一天"。这个模块虐心。设想有一天，企业飞速发展，但是有的人已经跟不上企业的步伐。本着为公司大局考虑的立场，有的人需要被请离公司，如果这一天到来，你会让谁离开？这个环节分成两大组进行，每个大组要淘汰至只剩 3 人，最后两大组的 6 人淘汰至只剩 1 人。这个环节十分残酷也十分扎心，但是又很有可能成为现实。在这个环节中，不少参与者痛哭流涕，不是因为自己被投出局去了，而是因为给同事投离开票时内心的挣扎。在这个环节中，引导师的角色尤为关键，引导师要把控好情绪点，控制全场，不能让场面失控。而这个环节绝不仅仅是为了扎心，相反我们要让每个投票的参与者在投票之后说出理由，这些想法对于离开的人是一份礼物，这份礼物让每个人都能够更清晰地看到自己的长处与短板。

第五个模块是"领袖风采"。这个模块集虐体、虐脑、虐心于一体。最简单的团队报数游戏背后有严厉的惩罚环节，被选出的每队领袖要事先念誓词，为团队的一切后果承担责任。团队成员每出错一次，队长要做10 个俯卧撑，再次出错队长要做 20 个俯卧撑，然后是 40 个、80 个、160个……当一个队长因为队伍频频出错做了近 200 个俯卧撑之后，有的队员痛哭出声，有的默默跟着一起受罚。这个环节让团队里的每个人都渐渐拧成一股绳，开始清楚队长的责任以及每个人对团队的价值。

一天的团建接近尾声，每个人在最后的 Check out 模块中分享了自己的收获与感悟。经过虐体、虐心、虐脑的一天，每个人的发言都异常深刻。下面是部分参与者的收获与感悟。

>>>>> **看一看**

营销部门同事 Ellen：

- 坚持长跑，方向正确，坚持就会有收获；
- 慢不重要，重要的是坚持；
- 无论多么紧急，都必须要在思路清晰、想法正确的情况下再去做；
- 一个人在公司的地位取决于他能为公司创造多大的价值；

- 团队队长不是一个光环，要背负的责任有很多。

运营部门经理 Laura：

- 真实感受过程，无论事情大小、环节重要与否，都要全情投入、认真对待；

- 过程中的坚持很重要，一定不要有所松懈，否则，其他人会赶上甚至超越你；

- 团队的力量应该是"1+1>2"，否则，那就应该反思团队当下的情况，去进行相应的调整；

- 在决策的时候，每个人都要为自己的决策负责任并承担相应的后果；

- 团队中的任何一个环节出错都有可能酿成事故，首先要把本职工作做好，然后再说其他的。

部门总监 Jack：

我在整个团建过程中，听到大家的话有很多感触，同时也思考了自己的不足。这些活动能让我跳脱出来看自己，看每位同事的定位、价值与意义，听到每个人的真情实感，这是一个很好的反思自己与了解同事的机会，这些输入对自己而言是很好的成长。在这个过程中，我反思了很多自己工作中的不足，明确了下一步应该如何调整方向。在一天的团建结束后，我重新认真地规划了一下自己手头的工作和下一步需要完成的任务，制定了提升自己工作效率的方案，不虚此行。

☑ 案例二：引导一场别开生面的文化宣贯会

"三流企业靠人管人，二流企业靠制度管人，一流企业靠文化管人"。文化如同企业的血液，维持着企业的生命，也是企业持续健康发展的法宝。随着人员的增加，企业规模不断扩大，企业文化也面临被削弱的风险，在企业的发展中，让所有员工对企业文化形成统一的认知、共同的价值观和行动规范就显得极为重要。

一些企业为了达成这样的目的进行了不同形式的宣贯和教导：HR或企业文化官讲着公司的创业经历、发展过程，以及企业的愿景、使命、价值观，然后考试；还有一些公司将文化内容标记在墙上、工牌上、纸杯上等一切目所能及的地方；也有的公司结合新媒体力量不断设计海报进行宣传。这些形式能让员工充分了解公司的文化，并寄希望通过学习企业文化，让员工真正在工作中表现出文化价值观所要求的行为，如客户第一。这么想的出发点是好的，但是所取得的效果却微乎其微。

引导技术运用在企业文化宣贯中，不仅仅是形式上的变革，更是巧妙地结合了企业当下的问题，让文化和企业的发展有机地结合起来。我们以之前为高新技术企业 B 做的一场文化宣贯会为例来说明。

随着 B 公司业务的不断扩张，B 公司的相关人员迅速增加。公司新进的同事有着不同的背景和经历，有些是刚毕业的大学生，有些是有过多年工作经验的"老江湖"，他们带着不同的思维和认知水平加入同一组织，造成了同一组织在同一时间有着不同认知水平的情形。因此，如何让新同事迅速地了解、适应并执行公司文化，形成统一思想，则成为公司当前的首要任务。B 公司的创始人、人力部门同事、业务部门核心骨干、刚入职不久的同事等，共同参与了这场历时 6 个小时的研讨会。研讨会的 4 个步骤如图 8-1 所示。

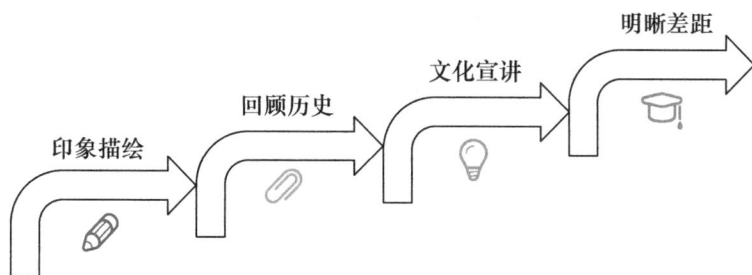

图 8-1　研讨会的 4 个步骤

1. 印象描绘

让新加入的同事用一个词写下对公司的最初印象，然后每个人针对自己的第一印象分别进行阐述，并说明为什么会用这样一个词语。这样无论是引导师还是部门主管都可以知道他们内心的真实状态，也可以借助这个机会了解新员工对公司文化的认知情况。

2. 回顾历史

播放关于公司发展历程的视频，让几位亲身经历者讲述当时的故事，这个环节十分必要。老员工在讲故事的过程中：一方面可以回顾以往"打江山"的过程，点燃内心的自豪感和归属感；另一方面也能从心理上拉近新员工与公司之间的距离。之后引导师让在场的人用 3 个词分别写出当下的感受，然后大家分别进行阐述，增强员工的文化认同感。在这个过程中，引导师除了注意每个人的真实感受外，还要关注新老员工之间的差异性和特殊性。老员工与新员工之间的差异性能帮助管理者和引导师清晰地知道公司在发展过程中的"变"与"不变"。在他们表达感受的过程中，肯定会存在一定的相同之处，这就需要引导师从不同角度汇总企业的核心品质，形成大家的共识。例如，这家企业具有"挑战不可能""时刻准备着""人心齐泰山移"等品质。这个环节不仅要让大家知道事件本身，还要让大家的内心与公司的历史产生联动，产生心灵感应并引发共鸣，从而内化为自己对公司的归属感和自豪感。

3. 文化宣讲

工作坊是目前越来越流行的一种提升团队成员自我的学习方式。在进行文化宣讲时，引导师不妨采用工作坊的方式，不过整个工作坊要紧紧围绕目的进行，需要在事前经过严密的诊断确定此次工作坊的目的，如"传承""降噪"，这需要引导师提前做好调研。在这个环节中，引导师或企业管理者还需要分别介绍公司的愿景、使命、价值观。在介绍的过程中，引导师或企业的管理者不能仅朗读文字，这样不会给参与者带来任何心理触动，而是要让参与者知道为什么做这件事，理解创办企业的初衷，知道企业在未来的几年要做成什么样子以及怎样去做，即公司的发展路径，做到知其然和知其所以然，避免文化的强行"灌输"。

4. 明晰差距

至此，我们已经明确了公司的发展历程以及公司的发展方向，接下来就要基于如何实现战略落地展开引导。这时，引导师提出关于组织发展的 3C 模型以及关于能力发展的 3E 模型，基于此方法让大家给自己评分，客观地评价一下自己的工作状态和工作能力，让他们知道自己的差距和不足，对自己有清晰的认知。然后，引导师再提出"要做成公司的事业，你还缺少哪些能力"的议题，让大家写出来后再进行分享。最后，引导师总结概括出当前企业发展中最核心的问题，此次研讨会归纳出企业缺乏"影响力"的问题。这个过程可以让管理者清晰地知道公司现阶段整体面临的问题，从而使管理者从个人和公司层面制订行动计划，为解决这个问题做好充分的准备。

这次研讨会的关键产出有 3 点。

第一，统一认知。对新员工而言，不仅让其理解公司企业文化的具体内涵，而且让其深刻了解企业文化的内在逻辑、产生的渊源；同时也让大家相信文化的力量，并形成公司独特的文化之道。

第二，笃信践行。对老员工而言，此次活动加深了他们对文化的洞见，使其铭记不忘初心；同时也让其知道文化在践行过程中的传承价值，让他们更加笃信不移，成为新加入员工的榜样。

第三，诊断问题。从公司整体的视角审视、分析现在公司所涵盖的主要问题，公司创始人在现场以其独有的魄力和决心挑战核心难题，共同选出攻克难题的负责人，并规划里程碑事件。

同样是宣贯企业文化，运用引导技术进行研讨会的效果与传统培训的效果有着明显差别，引导技术的运用在企业文化宣贯过程中起到了"随风潜入夜，润物细无声"的效果。传统的企业文化培训偏灌输式，参与者往往比较被动，参与度不高，更多依赖的是对文字内容的识记和理解，对文化落地没有起到实质性的作用。而通过引导技术来开展企业文化宣贯工作坊，可使宣贯过程更加鲜活，将文化内涵植入人心并内化为每位参与者的行为要求，更重要的是将文化内涵转化为企业发展的战斗力，久而久之就内化为公司的文化基因。

☑ 案例三：如何有效引导团队上下同欲

《淮南子·兵略训》曾提到一个典故："兵静则固，专一则威，分决则勇，心疑则北，力分则弱。故能分人之兵，疑人之心，则铢铢有余；不能分人之兵，疑人之心，则数倍不足。故纣之卒，百万之心；武王之卒，三千人皆专而一。故千人同心则得千人力，万人异心则无一人之用。"这段话的意思是说军队安定就会稳固，目标统一就有威力，每个人责任明确就会勇敢。若是军队内部心生猜疑就会导致失败，打仗时兵力分散战斗力就会被削弱。如果能让敌军的兵力分散，内部出现猜疑，那么用少数的兵力就可以取胜；反之，即使数倍于敌军兵力也难以取胜。纣王的军队虽然兵力百万，但是不同心；武王的军队，虽三千人，但是上下一心。因此，千人同心就能得到千人的力量，万人异心力量还不如一人。武王伐纣能获得成功，一个重要的原因在于武王的军队目标明确、上下同心，拥有高度的团队共识。

团队共识在过去是军队制胜的关键之一，俗话说"天时、地利、人和"，其中可以人为把控的是"人和"要素。放在如今，团队共识，尤其是核心人员的共识，是企业高速发展的关键。根据组织绩效提升的 3C 模型，如图 8-2 所示，组织绩效 = 明确性（Clarity）× 动力（Commitment）× 能力（Capability），团队共识既关乎"明确性"，包含明确组织的现状、组织未来的战略目标等，又关乎"动力"（承诺即动力）。达成团队共识是组织文化的重要组成部分，组织文化是企业发展强大的动力源。

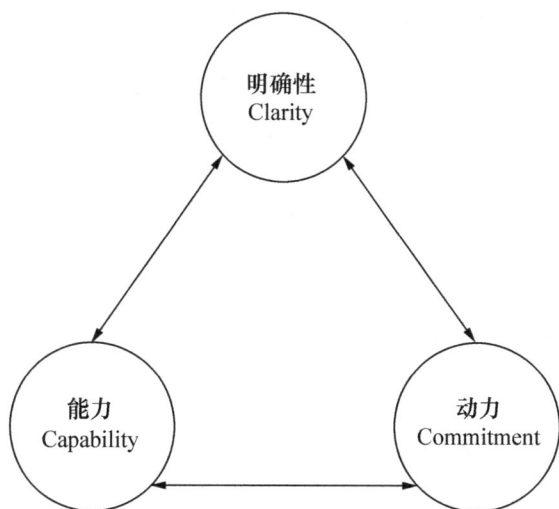

图 8-2　组织绩效提升的 3C 模型

本节以一场实战研讨会为例，分享用引导技术达成团队共识的方法和相关工具。这次研讨会的目的是帮助一家高科技企业明确现状，并就未来五年远景目标达成共识。研讨会参与者 30 人，包含该企业的核心中、高管，该研讨会为期 1 天 8 小时左右。研讨会包含 3 个模块：启发认知、明确现状和畅想未来。下面，我们来具体介绍一下本场研讨会的 3 个模块及明线与暗线。

1. 启发认知

启发认知作为开场活动，既起到 Check in 的作用，又能够帮助参与者建立起强连接。此环节以一场体验式互动的形式展开，具体的做法为全体参与者戴上眼罩围成一圈，引导师随机给参与者调整位置，然后要求每隔一个人进行报数，报错重来，直至所有人报对。之后加大难度，变成每隔两个人报数，直至团队全员通过才算结束。这一体验环节规则虽然很简单，但是难度很大，一般团队做下来基本都在半个小时左右。刚开始隔一位报数还比较顺利，随着难度加大，已经有些混乱不清，需要经过几轮才能全员正确。

在这个过程中大家会有所触动，引导师及时请部分参与者进行了分享。例如，有参与者分享说："专注于当前的事情，从细微的地方收集信息，陷入僵局的时候要大胆站出来，为大家提供突破的思路。"还有的参与者分享说："我觉得要敢做，要尽快收集信息、找到规律，不要怕犯错，试错才能得到更多信息。"其中有一个参与者的分享比较深刻："专注当下、用心体会、相信团队、心态平静是能够顺利通过的几个关键要素。"

启发认知的小互动放在开场，有 3 个好处：第一，帮助参与者集中注意力，让参与者松散的状态在短时间内得到集中；第二，初步体验默契的重要性，平常工作中如果缺少沟通就会像在活动中被蒙上眼罩，彼此之间隔绝开来没有连接，个人和团队都会受到影响；第三，活动过程中难度会逐级提升，大部分人都会碰壁，受到挫败的心理冲击会激发其思考，达到初步启发认知的效果。

"启发认知"的关键点包括以下 3 个方面。

第一，根据参与者的表现，安排恰当的难度梯度。设置的环节不可过于容易，防止达不到启发认知的效果；设置的环节也不可以过难，以免团队总是失败而使参与者自暴自弃，带来负面效应，即活动一开场，参与者的情绪就跌落到谷底，会影响其在后面环节的积极性。

第二，时间的把握要得当。尤其是每个难度阶梯的时间要安排好，过快或者过慢都不是很好的做法，要根据研讨会现场的情况适时调整，有时需要快，有时需要慢，但达到效果后应该加快节奏，防止流程和过程消磨掉能量。

第三，在所有环节结束后，一定要有一个"收"的动作，也就是让每位成员及时分享感悟。这是启发认知的关键所在，之前的体验活动是"行"，这一步就是"悟"，通过"悟"的环节，参与者可以达到认知的升级。

2. 明确现状

描述出一个统一的现状并不容易，原因在于团队成员过往的职务、业务、阅历不同，洞察问题的角度不同，会导致思维的发散性较大，而发散过多就容易收不回来，难以聚集形成共识。用传统的讨论会方式可能是大家各说各的，最后难以形成统一的产出。这个时候就需要引导技术，引导师可以采用体验互动的方式，让全员参与其中，采用一定的规则和形式来保证思考发散之后还能聚焦回来，本环节分3步进行。

第一步，将所有参与者分成5个小组，给每个小组随机分配两本杂志作为信息输入；同时准备剪刀、彩笔等道具，之后每个小组以杂志为素材，使用5个词描绘出企业的现状。这种设计既保证了企业有足够的外部信息，使其不囿于当前的思维框架；同时又使企业有一定的限制，确保每个小组内部率先达成共识。

第二步，每个小组轮流展示，分享组内成员对现状达成一致的理解。

第三步，将每个小组的 5 个词汇总到一起，我们会发现一部分是意义相近或重合的，另一部分是完全不同的。我们可以先就重合的部分达成整体共识，再就不同的几点做澄清，每个团队发表看法，最后总结出具有全员共识的现状写实。当时，该团队对现状的共识是承载梦想、目光坚定、内涵丰富、充满能量的核潜艇。

"明确现状"的关键点包括以下 3 个方面。

第一，开拓思路的过程中要先给一些输入。这里采用的是"相关世界"的方法激发团队成员跨领域思考，两本随机的杂志内容包罗万象，可以激发团队成员进行更多的积极思考。

第二，发散之后要聚焦，引导好思考落地的过程。这需要用到总结提炼的相关方法，引导师要做好概括要点、确认澄清。

第三，不同小组的产出会产生思维碰撞。引导师要做好现场的冲突管理，始终持公平客观和中立的态度，而不是偏向一方。

3. 畅想未来

周星驰在电影《少林足球》里说："做人如果没有梦想，跟咸鱼有什么区别？"梦想是支持我们做很多事情的源头，关于个人梦想，我们从小到大谈得很多。我们这里谈的是个人梦想如何与团队愿景、企业未来产生高度连接。这一环节分以下 4 步。

第一步，每位参与者描述自己 5 年后在公司中的样子。有的人说自己 5 年之后成为人力总监，在给新来的 HR 做专业培训；有的人说 5 年之后，自己成为企业大学校长，在给新生讲述企业历史；还有的人说自己 5 年之后成为财务板块的负责人等。

第二步，每个小组用一句话描绘企业 5 年后的样子。

第三步，小组成员分工合作，用话剧的形式演绎一段公司 5 年后会发生的情景。有的小组演绎了分公司成立签署协议剪彩的场景，有的小组演绎了企业大学的议事场景。这部分的整体气氛非常活跃，每位参与者好像已置身于 5 年后的蓝图中，其理想也逐步具象化。

第四步，总结归纳。总结归纳的方法与上面一个环节类似，即通过归纳与澄清，从小组共识到全员共识，此外也达成了个人梦想和组织愿景的连接。这一模块妙趣横生，将这场研讨会推向了高潮，为下一步制订团队行动计划做好了准备。

"畅想未来"的关键点包括以下两个方面。

第一，畅想未来往往伴随着很多噪声和不切实际的内容。这时引导师要做好把控，将部分成员偏题的思路巧妙地及时拉回，并给予适度的表扬，既不打击成员的积极性，又能保证原有流程顺畅进行。

第二，远景目标的澄清是为下一个步骤制订具体的行动计划。因此，在做澄清之前要对该企业有非常深入的理解，既要做好外部调研，也要和内部高层达成一致，同时要保证研讨会的产出不空泛、很具体，以支撑下一步行动计划的制订。

4. 研讨会的明线与暗线

常规的研讨会一般只注意到明线，也就是研讨会流程线，模块一、二、三分别是什么，每块怎么展开，这其实是决定研讨会能否成功的关键。还有重要的一条暗线就是情感线，研讨会是激发能量、汇聚能量、传播能量的过程，研讨会能形成一个天然的能量场，在能量场中如何调动情感是要提前设计的。研讨会不同，情感线的设计也会不同，但设计主要遵从以下3个原则。

第一，符合人的生理规律。一般下午1～2点人会比较困倦，这时如果加入需要投入特别多能量的环节就会事倍功半。

第二，根据重要性划分波峰波谷。例如，需要参与者沉下心来有关键产出的时候，这时安排过于活泼轻松的环节就不太适合聚焦。

第三，研讨会要有波澜起伏。全程高能或全程平淡都不是很好的做法，要根据研讨会的目的设计情感线，以辅助最终的最大化产出。研讨会的明暗线如图8-3所示。

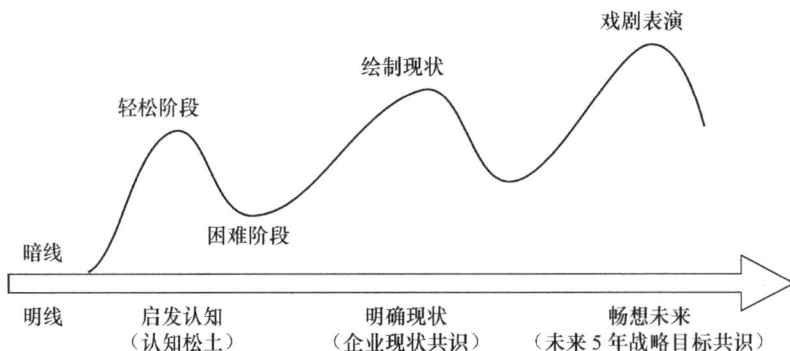

图8-3　研讨会的明暗线

☑ 案例四：引导技术赋能团队影响力

1963 年 8 月 28 日，一位黑种人吸引了 25 万人来到美国华盛顿的林肯纪念堂。他发表了一篇著名的演讲《我有一个梦想》，他就是马丁·路德·金。虽然马丁·路德·金没有身居高位，却影响了当时的整个美国，甚至影响了世界。马丁·路德·金的梦想和现场的 25 万人有什么关系？他的梦想和美国有什么关系？他的梦想又和世界有什么关系？他建立的这种关系其实就是一种影响力。

对企业内部而言，如果一名员工只顾自己，那他可能是一个个人贡献者；如果他能影响到 2 ~ 3 个人，那他很有潜力成为新晋管理者；如果他的影响力可以覆盖几十个人，那么让他管理一个中等团队不会有大问题；如果他可以影响数百、数千甚至数万人，那么让他管理一家企业也不会特别困难。而对企业外部来说，一名具有高影响力的员工会给企业带来充足的外部资源，如客户、政策支持、外部合作等。

我们以某知名教育集团营销部门的专场研讨会为例，来分享如何运用引导技术提升影响力。

在某知名教育集团的内部组织诊断会上，管理者发现目前的营销团队还有很大的提升空间，营销团队在面向市场时对客户的影响力和公司预期存在较大差距。在此背景下，管理者决定在营销体系内召开一场以"提升影响力"为主题的研讨会。这次研讨会有集团市场营销副总、市场营销团队总监及全部下辖经理、部分骨干营销人员，共 30 多名参与者。

在研讨会进行过程中，参与者被分为 4 个小组。

大部分参与者在企业创立早期便加入团队，深入理解业务，与企业共同成长。虽然少数新加入的成员之前有丰富的销售经验，加入后积极地理解公司产品，但他们的销售手段偏于传统，需要根据时间变化创新营销方案。影响力研讨会的 5 个模块如图 8-4 所示。

图 8-4　影响力研讨会的 5 个模块

1.目标认知

在研讨会开始时，引导师帮助所有参与者了解本次研讨会的目标，明确本次研讨会最终将达成的结果，避免因为期望过高而造成失望，更避免因为方向偏离而造成参与者跟不上整体节奏。大家在短暂思考之后，开始表达自己的期待。有位同事提到"希望能更多地认识什么是影响力，以及如何去影响人"；另一位同事说"希望借着影响力升官发财"；一位资深销售人员说"希望今天有一个方向性的指导，如何做到有影响力"；还有同事表示"希望了解自己的影响力水平"；也有同事说"每个人都有影响力，我来参加的目的是希望提高自己的影响力，让别人掏钱"……对于同一个研讨会，不同的参与者会有不同的认识，这意味着每个人参与研讨会的目标是不同的。

在研讨会开始时，引导师需要明确自己所能达成的目标以及管理期望，以便更好地进行后续流程。引导师总结了所有人的期待，对于部分偏离较大的期待（如"升官发财"），采用了幽默的方式回应："我也很希望帮助你升官发财，但这场研讨会没有办法帮助你解决这个问题，但是可以帮助你往升官发财的路上更近一步。"最终，引导师明确了本次研讨会的目标：了解自己的影响力水平；学会一套拥有影响力的方法，有效提高影响力；通过实际的演练环节练习如何销售产品。

2. 自我认知

对于成人学习者，引导师需要回答的第一个问题便是"我为什么需要知道这个？"只有理解提升影响力的价值，才能激发成人学习者的内在学习动力。这一过程离不开"自我认知"。在这一环节，引导师使用了现场演练的方式——从多套产品解决方案中选择了最为经典的两套，各小组为该产品设计宣传海报，然后挑选相同解决方案的小组进行海报解说的对决。经过 25 分钟的热烈讨论和认真设计，每个小组都亮出了自己的方案。

在互相对决的环节，每组抽签决定发言代表，发言代表有 3 分钟的演讲时间争取另外两个小组的采购意向。4 个小组都采用了传统的自我推销，结果并不理想，采购意向寥寥。

自我认知是一个人对自己的觉察和理解。觉察到欠缺自我能力，可以刺激其有意识地学习。经过这一环节，参与者的投入度将会大幅提升。

3. 思想觉醒

当参与者认识到自我能力欠缺时，引导师或管理者需要及时点拨，帮助其完成思想觉醒。本次研讨会使用了黄金圈法则，引导师播放完 18

分钟的视频之后，全场陷入沉思。几分钟之后，引导师开始邀请参与者分享自己的思考。

参与者一：用户不一定在意产品的功能，而是在意产品的设计理念。因为产品的设计理念恰恰蕴含着公司的理念。员工只有相信公司的理念，才能让客户相信。莱特兄弟成功的例子告诉我们：成功的关键在于相信你所相信的人。如果你能找到与你志同道合的人，就可以弥补自己先天的不足，就能超过那些没有相同理念公司的高度。

参与者二：第一点就是相信。如果你要想影响他人，让其相信你的产品，首先你要自己先相信，否则就不可能产生这种能量的传递。例如，在向别人推销某产品时，首先要自己觉得产品有用，没有这个产品做某件事就是不行，只有从内心认同，才能真正地传递能量。第二点是不要把需求强加在客户身上，而要通过一些技巧让其感受到为什么需要这个产品，要知道强加的需求往往不容易被对方所接受。

参与者三：视频完整描述了苹果的理念——只做发烧友。苹果的理念是领先时代，我们也在做领先时代的产品，其目的是敢为人先，而不是让很多人现在就接受。有些人一直追随锤子、小米这样的品牌，其实是认可他们的理念。所以，我们也要弄清楚我们自己的理念。

30多位参与者依次分享了自己从视频中得出的思考，尽管每个人的发言有长有短，但是没有一个人不在其中得到观念上的更新。

引导师又进一步对黄金圈法则进行了提炼：Why 的核心是"温度"，How 的核心是"逻辑"，What 的核心是"特质"。

引导师接着说："学会一种能力没有那么容易，看完视频只是了解了一种模型，与掌握这 3 个部分的内容还是有差距的；再留给大家 3 个问题：如何做到有温度地讲清楚 Why？如何有逻辑地说明 How？如何快速地说明 What？"

4. 练习实践

完成了自我认知和思想觉醒之后，参与者需要迅速地将知识转化为行为并运用到实际工作中，通过练习固化能力。每个小组有 15 分钟的时间重新设计海报。再次演示时，海报的整体风格发生了巨大的变化。

例如，其中一个小组这样介绍海报："我们的职业启发对象是新员工群体，即刚刚入职的大学生。主题是'敢不敢像家长一样培养你的企业 Baby'。Baby 最害怕的是什么？有人说是职场潜规则，这种害怕背后反映的是如何与人建立关系、如何解决事情、如何自我提升等，这些对于企业和新员工都很重要……"还有一个小组用话剧的方式演示出营销内容。

4 个小组完成了分享之后，引导师对海报分享的过程进行了点评："虽然黄金圈的流程很清楚，写清楚 What 和 How 看起来很容易，但是要想把解决方案转化成别人听得懂的语言，我们需要思考这两套解决方案的特点是什么。"

"怎样展开说 Why？最重要的就是要了解客户，并与客户高度共情。如何高度共情呢？如果某件事情对客户很重要，戳中客户的痛点其实就是懂客户了。当然，知道痛点还不够，还需要有连接。建立连接，需要有'冲击力的启发'。我们目前缺少对客户的理解，缺少有冲击力的洞察。如何更好地理解客户？这需要我们与客户天天'泡'在一起，与客户加强接触。如何做到有冲击力的洞察？这需要我们深度思考，善于提出高质量的问题。"

5. 收获分享

完成练习，可能许多培训就已经接近尾声了。但如果希望最终将培训的效果进一步深化到"悟"的程度，还需要进行深刻的收获分享。现场分享收获，一方面可以督促参与者认真地思考总结今天的个人感悟，另一方面也可以给其他人带来一些新的触动。

本次研讨会并未采用复杂的形式进行收获分享，参与者依次进行了一分钟的发言，总结今天研讨会的收获。结合本次研讨会的主题"影响力"，收获分享的环节也是实践个人影响力的重要组成部分。

以下是4位参与者的感言摘录。

参与者一：我很早就听说过"黄金圈法则"，还买了电子版图书，但看完后却不知道如何运用，主要是不知道怎样才能写出满意的文案，怎样才能逾越"知道"和"做"之间的鸿沟。从"想到"到"做到"，需要我们不断与外界接触，只有这样，才能形成闭环，形成有冲击力的启发。之前我很难理解黄金圈法则的本质，今天意识到只有行动至上，才可以有自己的体会。

参与者二：今天我对"黄金圈法则"有了崭新的认识。之前我把

"黄金圈法则"写在便利贴上，但是在实际工作中，常出现"自己认为和对方产生了连接，对方却感觉不到"的情况。连接不是想当然的，我们要站在对方的角度考虑问题，而不能奢望对方成为你想要的样子。

参与者三：我之前感觉影响力的话题很大，不知道从何下手。这次研讨会把很大、很空的面浓缩成几个点，让我领会到：不一定每个人都是领导，但每个人都能有领导力。今天的研讨会更新了我对客户的理解以及对"有冲击力的启发"的认识。我们只有在理解客户的基础上，有更高的探索力和输入，才能有定制化的洞见。国外的学者将影响力分为两个维度：第一个维度是专业，即我们的信息是专业性的体现；第二个维度是温暖，即我们描述的内核要体现连接、体现温暖。

参与者四：在今天的研讨会开始前，我的期待是实现自我认知。通过研讨会，我对自己的认知程度加深了，也发现了自己的问题。我最大的问题就是思考的程度不够。在与客户沟通时，我往往会从逻辑上讲清楚这个东西是什么，但发现客户根本不能理解。问题在于我没有深入地挖掘和客户的连接，只遵循自己所认为的逻辑，没有考虑对方的感受。以后我要找到和客户的连接，了解客户的真实想法，然后再结合产品内容与客户沟通。

本场研讨会引导的关键点在于以下 3 个方面。

一是自我认知。市面上存在许多相似的培训课程都是使用授课的方式进行知识传授的。但是，本次研讨会刚开始时花费了较长的时间，启发参与者自主认识到自身的现状。参与者充分的自我认知是本次研讨会成功的重要基础。

二是思想的觉醒。实现自我认知后，参与者会进入更加开放的状态，这时外部信息的输入会起到事半功倍的效果。如果想要内化能力，参与者需要进行深入的思考，即思想觉醒。参与者通过"悟"，发现自身现状与目标之间的差距，这其实是一个"连接"的过程。

三是有意识的实际演练。参与者完成思想觉醒（觉察和醒悟）后，迫切地需要可操作的方法。此时，若引导师先向其进行一些外部输入，参与者再进行实际演练，则会迅速内化为能力。

☑ 案例五：引导技术激活团队狼性

"狼性"是企业界近年来常被提及的高频词。一家著名的通信公司将狼性文化发挥到了极致，跃居为行业翘楚，成为诸多国内企业效仿的榜样。在百度里搜索"训练员工狼性"，会出现如"裸奔""高喊口号""下跪"等匪夷所思的方式方法。本节将介绍如何运用引导技术构建虚拟场域并在其中激发员工的狼性。狼性文化的 3 个方面如图 8-5 所示。

一是团队精神。狼很少独自行动，通常是群体合作攻击猎物。许多企业在宣扬狼性精神时重个体而轻团队，鼓励团队内部互斗，这样会造成极大的内耗。

嗅觉敏锐

求胜欲强烈

团队精神

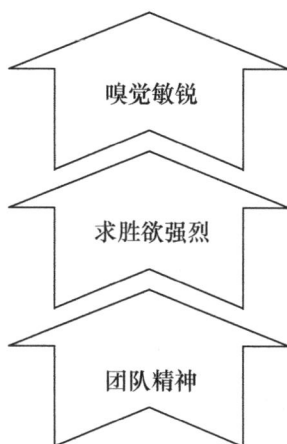

图 8-5 狼性文化的 3 个方面

二是求胜欲强烈。强烈的目标导向、结果导向，是一种"不破楼兰终还"的精神。狼群捕猎时，无时无刻不在关注它们的猎物。狼富于进取心和攻击性，且不轻言失败。

三是嗅觉敏锐。狼嗜血，对猎物的动作异常敏感，它会不放弃一丝一毫的机会。如果企业只宣扬狼性精神，却缺乏正确的目标，结果往往会是"竹篮打水一场空"。

引导技术除了可以用于真实的工作环境中，还可以在虚拟的"场域"中发挥功效。为了激活团队的狼性文化，企业需要构建一个合适的"场域"——能激发"团队精神""求胜欲"和"市场洞察"的"场域"。

那么如何构建合适的"场域"呢？

首先，考虑如何激活团队精神。团队精神意味着参与者需要彼此配合。因此，仅凭个人努力无法完成的任务必须通过合作完成。

其次，考虑如何激活求胜欲。说到求胜欲，必然意味着竞争的存在。这既可以是内部的竞争，也可以是外部的竞争。

综合以上两点，我们可以对"场域"有一个初步的描述，即需要参与者之间彼此配合完成一个相互竞争的任务。对于团队的竞争任务而言，我们有很多选择，例如，进行一场户外奔跑竞赛、团队合作的体育运动等。诚然，这些活动可以在一定程度上提高团队的狼性文化，但是对于瞬时性的活动而言，只能起到蜻蜓点水的效果。

最后，考虑如何激活市场洞察。把与市场相关的活动构建到"场域"中，并通过引导技术发挥作用。与市场相关的内容很多，例如，市场调研、市场宣传、销售等。市场调研、市场宣传、一线销售等都可以激活市场洞察，但是不同的活动对市场洞察的激活程度有很大的差别，越贴近一线的市场活动起到的效果越明显。所以，我们会构建一个直接进行销售、团队间彼此竞争、需要充分调动每个个体的能力和求胜欲的"场域"活动。

>>>>> **体验互动** --

创业挑战

"创业挑战"是一个为期一天的体验活动，参与者可借此体验虚拟创业和公司经营。

活动分两轮进行：第一轮以小团队为单位模拟经营活动，实现一个挑战性的经营目标，并在小团队之间进行排名比较，激发团队的求胜欲；第二轮经营活动与第一轮的结果强相关，经营业绩排名第一的团队获得第二轮的主导权，整合其他团队成立新公司，再完成更具挑战性的经营任务。

在过往的实践活动中，无论结果如何，经过引导师的激发和点评，团队的狼性文化都可以被充分激活。结果远逊于平均水平的团队通常存在畏难、推脱责任、寻找借口等问题，引导师对此通常采用直接指出问题、激发底层动机的方法，激发其羞耻心，使其知耻而后勇。

当然，也有少数优质团队不仅能够完成任务，而且可以高于平均水平超额完成任务。在这个过程中，引导师要给予正面、积极的鼓励，充分调动团队的狼性文化。

2018 年上半年，一个 20 人的团队经历了上述的"创业挑战"。

在第一轮任务中，他们表现突出，其中 3 个小组的业绩都在平均水平之上，一个小组甚至达到了平均水平的 5 倍。

在第二轮任务中，团队进行了融合，并且给自己设定了一个较高的目标。任务开始的第一个小时进展得相对顺利，团队分头行动，完成了 65% 的业绩目标。可是之后就一直再没有突破，时间一分一秒地流逝，团队成员之间通过微信沟通彼此的进展，大家都非常焦急。

CEO 立刻召集大家商讨对策，可是依旧无济于事。这样的状态持续了半个小时，团队并没有找到解决方案。大家都灰心丧气，CEO 甚至主动询问引导师是否可以提前结束，放弃第二轮的挑战。

这时，引导师发挥了巨大的作用：开始引导团队回顾第一轮的光辉战绩、第二轮前一小时的累累战果，从而让大家重拾信心，心想"剩下的一小时为什么不能再放手一搏？"不到 5 分钟的时间，团队成员迅速被重新激发，开始积极地出谋划策。最终，团队以超额 10% 的成绩完成了目标，比平均水平高出了 30%。

在进行任务回顾时，团队成员们不约而同地提到了这个关键的转折点。其中一位成员说："在工作中，常常有类似觉得艰难、想放弃的时刻，其实如果可以坚持一下、再放手一搏、咬咬牙挺一挺，可能就过去了。今天这个挑战给了我非常深刻的印象。我要把今天的合影放在我的办公桌上，哪天挺不住想歇一下的时候，就拿今天的经历再给自己打打气。"

狼群的力量来源于狼，狼的力量同样来源于狼群。

第九章
引导技术助力业务突破

☑ 案例一：运用引导技术进行市场活动策划

现代管理学之父彼得·德鲁克说："企业宗旨只有一种恰当的定义，那就是创造顾客。"市场活动就是让顾客产生为商品或服务付款的意愿，使顾客手上的经济资源转化成财富，使物品或服务转化成商品。因此，市场活动对于企业整体的实际经营而言，具有重大的意义和价值。

某行业新星公司基于扎实的市场调研以及对行业的深刻洞见，耗时2年，投入数千万元资金，使用大数据、云计算、人工智能等高新技术，研发出数款行业内的先进产品。

在行业内部测试及公开测试环节中，产品受到专业人士的高度好评，甚至有人评价称"这将颠覆行业传统"。在此背景下，该公司决定正式将产品全面推向市场，并开始筹划新品发布会和后续的市场活动。

本篇记录的是该集团筹划新品发布的研讨会过程。

策划会的参与者包括分管市场部门的高级合伙人、市场部门总监及核心人员、销售部门总监及核心营销顾问；研发部门的两位同事作为相关产品的产品经理也出席了本次研讨会。研讨会分为5个模块：统一认知、明确目的、制定目标、内容形式和任务分工。研讨会的5个模块如图9-1所示。

图 9-1　研讨会的 5 个模块

1. 统一认知

尽管参会的10余位同事都处在公司与市场接触的第一线，市场部门的总监还是再次帮助大家梳理了公司产品的研发过程、研发思路及目前所面临的市场情况。在此过程中，引导师帮助参与者对目前的情况统一认知，保证他们的认知处于同一水平线上。

2. 明确目的

明确目的对于任何项目、任何活动而言，都有着提纲挈领的意义。由于每个参与者的经验、认知层次不同，他们对市场活动的目的会有不同的理解。因此，明确目的是进行细节策划的基础。

市场部总监作为会议的主持人，先请各位参与者分别列出自己认为本次会议需要达到的3个目的；再对所有参与者提出的目的进行归纳合并，提炼出9个不同的目的，分别是了解市场的需求和竞争对手、拓展服务内容、传播公司品牌、聚拢行业资源和达成合作、寻找行业内专家认可的产品、找到精准客户、宣传产品、吸引行业内的人力资源从业者关注公司的产品理念、训练市场人员能力。

研讨出来的这9个目的存在明显差异，如果全部作为本次活动的目的，势必会多而不专、分散团队成员的精力，影响实际效果。因此我们需要对这9个目的进行"瘦身"。其中5个仅被1位同事提及，因此被排除，余下4个：传播公司品牌、找到精准客户、宣传产品、吸引行业内的人力资源从业者关注公司的产品理念。通过每人一票的方式，参与者对这4个目的进行投票，其中，传播公司品牌、找到精准客户、宣传产品均获得了6票。接着对这3个目的进行总结提炼，最终得出本次新产品发布会的两大核心目的：

- 传播公司品牌及公司产品；

- 精准转化潜在客户。

3. 制定目标

目标只有被分解为具体可执行、可量化的目标，才能产生真正的价值和意义。采用SMART方法对此次新品发布的目标进行量化分解，量化后的目标如下所述。

- 传播公司品牌及公司产品：网站浏览量增加60%；与40%的参与者添加微信好友；现场互动人数达到40%。

- 精准转化潜在客户：10家有明确意向的客户；30家潜在客户。

4. 内容形式

制定了具体的目标之后，还需要为目标进行相关设计，包括新品发布会的主题内容、需要采取的具体形式。考虑到产品的属性，参与者倾向于采用主题演讲、产品演示、产品体验相结合的方式进行新品宣传。在确定形式之后，接下来需要考虑的就是确定会议的主题内容。

确定主题内容的部分由新品发布会的项目经理主持。他先请每位参与者写出本次发布会的两个主题词，大家写的主题词既有相同词，也有相异词，归纳起来共有 10 个：科学、潜质、测量、大数据、人力资源管理、组织绩效、人才、数字化、业务、行动学习。

接下来，大家用这些词组合造句，描述产品的价值主张。经过初步筛选，8 句与产品比较契合的价值主张"脱颖而出"，如下所示：

- 以科学之道传递潜质之美；
- 测量"人"，数据驱动下的人力资源管理；
- 大数据分析改变人力资源管理方式；
- 对高潜人才的重视促进组织绩效的提升；
- 用人才储备应对数字化转型剧变；
- 数字化时代金融企业如何从高潜人才获得组织绩效的提升；
- 新环境下如何用高潜人才驱动组织绩效的提升；
- 数字化时代下行动学习走不通。

每位参与者有两次投票的机会，选出最契合产品价值主张的两句话。在本轮投票之后，其中 4 句话被保留并做出如下修改：

- 在数字化时代，行动学习这条路走不通；
- 用新技术促进人力资源转型升级（用新技术重新构建人力资源价

值链）；

- 用人才储备应对数字化转型剧变；

- 在数字化时代，金融企业如何从高潜人才获得更高红利／组织绩效提升。

在进一步考量之后，由于第 2 句和第 4 句与产品的关联性更强，它们因此成为两个备选方案。

市场部总监在这两个主题的基础之上，考虑到受众群体的特点，对价值主张进行了总结提炼，最终形成产品发布会的主题——"人力资源帮助企业持续'赢'的两把金钥匙"。

5.任务分工

在完成了以上步骤之后，项目经理根据各人的特长，进行了任务分工，明确了各项任务的时间节点。

结合上述案例，不难看出，运用引导技术进行市场活动策划的关键点在于以下 4 个方面，如图 9-2 所示。

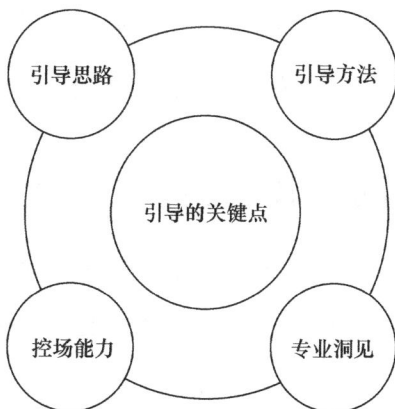

图 9-2　引导的关键点

其一，引导思路。引导思路是否清晰，会决定引导的效率和产出，引导师在设计之初就有明确的目的，而且其引导的过程和内容也有一定的指向性。如果引导师在思路不清晰的情况下进行引导，很难得到有质量的产出。

其二，引导方法。引导技术发展多年，已经有开放空间、世界咖啡等行之有效的方法。能否掌握并且熟练运用这些方法，会影响整场研讨会的效果。

其三，专业洞见。引导师需要有一定的管理知识积累和被引导者所处行业的专业知识积累。在本次引导中，这一点对整场研讨会进程的影响巨大。市场部总监基于其专业积累，可快速判断各位参与者发言的有效性，从而加速研讨会的进程。

其四，控场能力。在引导的进程中，现场很容易出现意见领袖。如果引导师在控场时，与意见领袖互动过度而没有重视其他参与者的情绪，将会导致其他参与者发言不够积极，但意见领袖提供的信息又不足以支撑整场研讨会的进程，结果就会影响最终的产出。

☑ 案例二：运用引导技术进行项目复盘

复盘，原是围棋术语，指棋手完成一盘棋局之后，复演这盘棋局的进程并总结其中的妙招和败手，有时也会请其他高手给予指导，以提升复盘的效果。现如今，复盘成为职场中的一个热词，指进行了重大活动或项目之后，参与者对整个活动或项目的得失成败进行分享、归纳、总结，并提出具体的优化建议的过程。

　　复盘不仅是对成功经验的总结，而且是对不足和待提升之处的回顾和反思。好的复盘能帮助项目成员加速成长，有人说："认真复盘好一个项目，胜过做十个项目。"项目复盘的方式有很多种，引导技术可以用来复盘吗？答案是肯定的，而且非常有效。

　　例如，某大型互联网公司旗下的人力资源服务板块，与一家国内一线的人力资源媒体合作，召开了新品发布会。对于这场年度最重要的市场活动，公司市场部联合销售部、运营一部组成筹备组，公司安排行政部、运营二部、研发部等多个部门的 40 余名员工，参与本次的新品发布会。本次发布会的合作方也派出人数相当的员工给予支持。

　　该互联网公司很看重人才的培育。在项目动员会上，市场部总监发起了项目经理竞聘，最终选出一名新项目经理负责本次项目。

　　复盘会分两个阶段进行：第一阶段是全员复盘阶段，参与本次新品发布会的 40 多名员工分别就其负责的内容进行了复盘；第二阶段是核心人员复盘，市场部、销售部、运营一部、研发部的 18 名员工对流程、技术等方面的情况进行了深入的复盘。

（一）全员复盘阶段

　　在本次新品发布会结束后，项目经理采用引导技术主持了整场复盘会。项目经理引导 40 多位同事从本次新品发布会的优点、待提升之处、印象深刻之处，依次进行复盘总结。以下择取两位员工深入的复盘意见，予以分享。

> **运营二部总监**：这次活动达到了预期效果，从深入接洽的客户人数可以看出，本次活动扩大了公司在客户中的影响力。但是也有几点需要继续优化：体验卡的设计有失公司水准，没有为客户考虑，印刷质量欠佳，同时缺少地点、官网等实用信息；公司宣传册准备不充分；PPT 也可以制作得更加精良，现在已经进入读图时代，可以在PPT 中增加一些具有吸引力的图片；产品体验区面积有限，可以更好地规划布置，提升客户的体验感。有一个细节让我印象特别深刻，有一位客户体验完我们的产品之后，和我聊天时感叹："你们的产品真不一般，这绝对是一款划时代的产品，回去我要好好研究一下，怎样和我现有的工作结合起来，希望我们可以尽快合作。"
>
> **行政部高级专员**：我被抽调加入了此次新品发布会，我觉得整体流程规划得井井有条，进行得非常顺畅，两位上台的同事讲解得也非常到位，这些是优点。除此之外，我也观察到一些待提升之处。例如，设立引导标识，引导客户从主会场走到体验区；体验可以分时段进行，这次客户普遍扎堆体验产品，如果分时段体验，可以提升客户的体验感。这次参与新品发布会本身就让我印象深刻，身处后台支持部门，我很少有机会与同事们肩并肩"上战场"，但借此机会我也感受到了"打仗"的感觉。希望未来还可以为公司的市场活动做出更多贡献。

（二）深入复盘阶段

在整个新品发布会的体验环节，由于技术原因，部分体验产品出现卡顿现象，给参与体验的客户带来了不佳的体验感。

完成全员复盘之后，作为复盘会主持人的项目经理请深入参与本次新品发布会的18位同事留下继续复盘。这些同事来自市场部、销售部、运营一部、研发部等与本次新品生产密切相关的部门，从新品发布会前期设计便深度参与其中，了解各关键节点及过程中出现的各种问题。在深入复盘阶段，这些同事针对此次新品发布会的重大事故进行回顾、反思、总结并提出一些改进建议。

1. 过程回顾

项目经理（复盘会主持人）请4位同事分别从各自的角度，对新品发布会中重大事故的过程还原叙述，帮助负责体验区的同事从多个角度了解情况。经过4位同事的多角度描述，整个过程得以高度还原。

2. 事件过程梳理

为了更深入地挖掘具体的改进点，对于与产品体验有关的关键节点和过程，我们需要进行完整的梳理。

会前排练环节：在排练环节中对于产品过度自信，没有完整地测试所有产品。

项目流程：未制定当设备出现故障时的预备解决方案。

现场反应：项目经理没有在出现状况时及时处理。

3. 未来改进措施

通过梳理事件过程，我们对此次新品发布会中发生重大事故的基本原因有了初步的认识，接下来就需要找出相应的改进措施，避免以后出现类似的状况。据此，我们共梳理出 3 个改进措施。

其一，技术改进。技术部在 1 周内对产品的封装方式进行改进，改进整体程序的运营效率。

其二，故障预案。对每个环节均设置 2 个预案，第一个预案确保该环节可以正常进行，第二个预案则直接略过该环节。

其三，排练环节。排练环节除排练正常流程外，还要对预案进行排练，并将预案排练纳入项目管理的甘特图（Gantt Chart）中。甘特图，以提出者亨利·L·甘特命名，又称为横道图、条状图，是项目管理中常用的工具。甘特图可以显示项目进度随时间进展的情况。

（三）复盘会引导的关键点

复盘会引导的关键点如图 9-3 所示。

1. 多角度给予反馈

复盘会与个人反思存在巨大差异。团队成员在复盘会上，从多个不同的角度，对同一事件给出反馈，既包括值得发扬的优点，也包括需要改进的缺点。这种多角度输入可以突破个体认知的盲区。

2. 找到关键症结

对于过程中暴露出的问题，不能简单地一笔带过，否则这个问题在未来极有可能会反复出现。复盘会不是问责，而是要精准地找出问题所在。

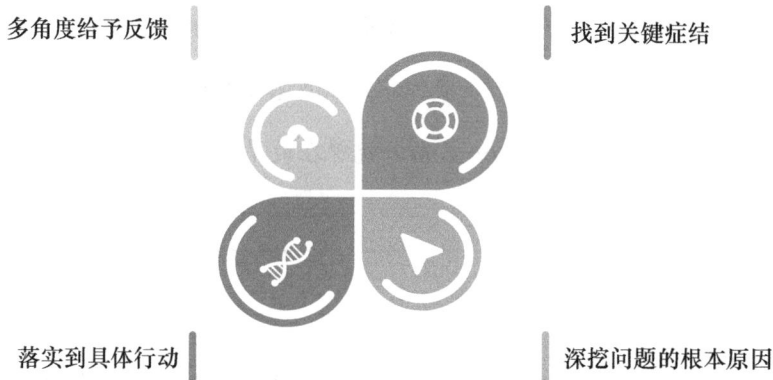

图 9-3　复盘会引导的关键点

3.深挖问题的根本原因

完成问题定位之后，需要进一步探究其背后的原因。问题是否可以避免？是主观态度问题还是客观技术问题或环境问题？我们需要找到问题背后的真实原因，以便提出具体的改进方法。

4.落实到具体行动

复盘最终要落实到具体的行动改进上，根据深挖出来的根本原因，制定相应的行动方案，并安排改进行动的责任人、制定规划改进的行动目标和完成日期。

☑ 案例三：引导阶段性业务复盘与反思

以下是关于复盘与反思的两个小故事。

>>> 故事一

西点军校军官曾说，过去的 25 年中，有一种方法已经彻底改变了整个陆军，这种方法是陆军在战争中付出了沉重的代价才学会的，它源自美国陆军的一套标准操作程序，AAR（After Action Review）。著名电影《壮志凌云》（*Top Gun*）就曾在最早使用 AAR 的训练基地取景。

>>> 故事二

在联想与戴尔激烈竞争的时期，结果对联想来说自然有些苦涩。不过，联想并没有因此败落，而是通过阶段性的复盘与反思，认识到问题的实质：要想赢，首先得把出现问题的环节弄清楚。

其实，无论是战场还是商场，无论是"刻意练习"还是"及时反馈"，复盘与反思都是一个"群众路线"。古语云："吾日三省吾身。"但怎么把复盘与反思发挥到极致，帮助整个团队或整家企业在一段时间内制定和执行战略、定期评估运作、保证企业业务提升的准确度，这是最应该引起重视的问题，引导技术在其中发挥着重要作用。

为解答大家的疑惑，在此分享企业的一个典型研讨会案例。

T 公司的营销业务板块进入快速发展期，相关人员也在迅速增加，营销业绩却呈现倒退趋势。尽管这个业务板块由公司最核心的营销骨干负责，但长此以往，也将面临生死危机。因此，管理者决定在营销体系内召开一场以"阶段性业务复盘"为主题的研讨会。

参加此次研讨会的人员包括集团市场营销副总、市场营销团队总监及该业务板块的全部下辖经理共 10 人。其中大部分参与者在企业创立早期便加入了团队,与企业共同成长,深入理解公司的业务;少数新加入的成员之前有丰富的咨询经验,加入后也积极理解公司的业务。此次研讨会的内容分为 6 个部分:发现问题、目标梳理、能力匹配、市场竞争分析、市场需求量、解决方案。研讨会的 6 个步骤如图 9-4 所示。

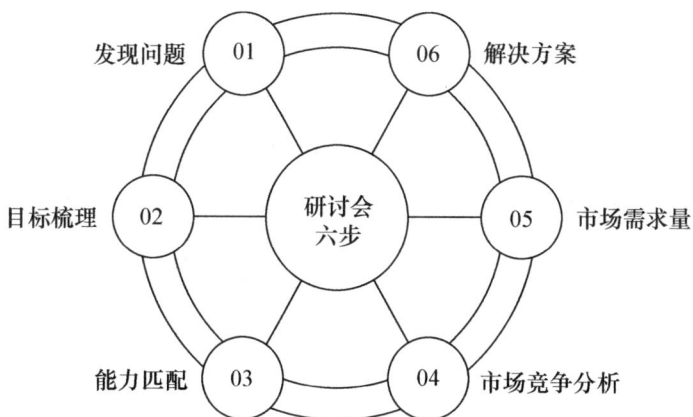

图 9-4 研讨会的 6 个步骤

1. 发现问题

为做好营销体系的工作梳理,在引导师的引导下,每个人要说出自己过去一周的工作饱和度及有效度(百分比),并在思考之后进行阐释。经过梳理,最终我们发现大家的工作饱和度及有效度的平均水平分别为80%、55%,这个结果让参与者非常震惊。相对来说,过去一周是公司项目比较集中的一周,但大家的工作结果却并没有达到预期的效果。作为公司的营销核心团队，工作不饱和是最大的问题之一。为了解决这个问题，引导师以终为始，引导大家说出真实的想法。

2. 目标梳理

公司规定营销团队每个月必须完成特定的财务指标。按照规定，引导师首先让大家依据过往成单的经验，对公司的 4 类产品进行任务分解，确定每类产品的任务额。这个环节的关键之处在于对之前大家认为不可能完成的任务进行细致划分，让每项业务都处于能完成的可控范围内，并且引导大家达成共识、统一思想。

3. 能力匹配

在大多数情况下，我们梳理完目标后就会想怎么去做，但其中最核心的问题是安排谁去做。是遵循原来的安排，还是根据每个人的头衔另行安排？答案是按照能力确定人选，因为分配合适的人到合适的位置上很重要。引导师让每个人按照产品大类说出自己所擅长的方面，并进行统计分析，最终确定了所有参与者的能力分布情况。

4. 市场竞争分析

公司产品的竞争优势会随着市场的情况不断变化，在现如今这个变幻莫测的时代，其更带有一定的模糊性和不确定性。所以要分析哪个产品是目前这个阶段最有竞争力和最有优势的，引导师要在每个业务板块内部让团队成员投票决定，并说明原因。大家对每类产品形成了一致意见。

产品一：节省时间成本。

产品二：与其他企业相比，我们的产品理念更具有创新性；与国际名校合作。

产品三：具有国际影响力的杂志引用过我们的产品软文；交付企业后得到了认可。

产品四：在专业性上向全球顶尖的同行业公司看齐；客户接受度高；价格有优势。

经统计分析，这4类产品的竞争力的排序结果为产品四 > 产品三 > 产品二 > 产品一。

5. 市场需求量

依据上一个环节的产出，为实现现金流，我们可以明确需要重点关注的产品。接下来，引导师让大家按照以往的经验，经过充分的思考，分析现在公司中的4类主打产品的市场需求情况，使产品与市场有更紧密的连接。

第一，依据市场需求情况对4类主打产品进行排序：产品四 > 产品三 > 产品二 > 产品一。

第二，对排序之后的产品板块进行分析，得到如下结论。

- 对于排在最末位的产品一，引导师需要引导参与者看到此板块的价值。

- 对于产品二，引导师要根据企业的情况进行分析，分析得出产品二单独营销的情况很少，一般都是作为产品四或产品三的衍生品或副产品进行销售；同时举例说明，让大家意识到产品二的重要性和衍生价值。

- 对于产品四和产品三，市场的需求与公司的产品定位和竞争力是相匹配的。但引导师通过引导大家，对这两类产品也提出了相应的要求：一定要坚持原则，抵挡诱惑，这样才有利于公司的长远发展。

6. 解决方案

通过以上分析，参与者确定出了产品板块的优先级。接下来，引导师就要引导团队成员有针对性地制定解决方案。例如，对于排名靠前的产品四要梳理重点客户，团队协作、一起跟进；对于产品三要等待机会、分别作战。在此过程中，引导师提到要避免"蜜月效应"，即减少感性连接、加强理性推导，同时注重提升公司的品质。

☑ 案例四：体验互动引导高管进行管理升级

管理者作为企业的中枢神经，他们的决定往往牵一发而动全身。想要推动高管群体进行管理升级绝非易事，尤其是对于有着丰富管理经验的高管而言，想要说服他们采用新的管理方法，无异于挑战其过去的成功经验，可谓难上加难。

同时，面对日新月异的市场环境、企业不断扩大的业务版图、日益复杂的组织结构，原先成功的管理模式逐渐落后，无法跟上企业发展的需求，企业的管理升级势在必行。

如何引导企业高管进行管理升级？在一场企业绩效管理升级的研讨会上，我们曾通过一个简单的小游戏很好地打开了局面。今天我们就将这个游戏的设计和内容分享给大家。

这是一家快速发展和扩张的化工产品制造企业。在过去的几年里，这家企业进行了前瞻性布局，陆续收购了几十家公司，打通了产业的上下游，业务线条和组织结构由单一向复杂过渡，对管理水平的需求也在不断提高。但在企业管理上，这家企业重技术、重资源、重成果、重情义，唯独不重管理，管理模式仍停留在以高层管理者的人格魅力为支撑，各小团队发挥其主观能动性，随机应变的作战模式上。

本次研讨会的参与者为企业集团总部的各部门高管、核心子公司的总经理，共 30 多人。这家企业的性质决定了其高管团队以技术高知为主，多数拥有相关专业的博士学位，他们思维严密、逻辑清晰，以结果为导向，解决问题的能力极强，但团队管理、影响力、企业战略等是他们的短板。与核心高管深入交流后，引导师确认了此次研讨会的 3 个核心目标：

- 向高管团队引入科学管理的理念；

- 明确各部门的工作目标，共同分解企业目标；

- 加强团队管理，引入绩效考核、问责机制等现代企业的管理方法。

引导师将管理作为此次研讨会的主要内容，兼顾该企业管理薄弱的现状和务实的企业风格，明确研讨会要达成的目标：引导高管团队将绩效作为一种企业管理手段，向上承接企业战略，向下加强团队管理，制定可量化、便于落地执行的绩效考核办法，促进该企业管理升级。

1. 体验活动

确立研讨会的目标是第一步，如何帮助高管意识到绩效管理的重要性，仍然是个难题。我们一直说，没有清醒的认知，就没有改变的动力。为此，我们通过一个不复杂的体验活动"撕纸"来实现高管团队的自我认知。

第一轮引导：粗放引导

每位参与研讨会的管理者获得一张 A4 纸，并执行以下指令：请将手中的 A4 纸对折，再对折，再对折，再对折，然后撕去对折后纸张的一个角后，展开 A4 纸。

我们统计了现场 6 个小组的撕纸结果：在同样的指令下，每组 6 名参与者撕的纸张展开后，撕出的形状五花八门，甚至有的小组中的 6 个人就撕出了 5 种不同的结果；也出现了在操作过程中没有跟上步骤，导致操作失败的情况。我们统计了 6 个小组撕出同样形状的人数，汇总后一共只有 5 人。由此可见，发出指令和达成效果之间有着巨大的鸿沟。

第二轮引导：精细引导

我们再给每位参与者一张 A4 纸并发出以下指令：请将手中的 A4 纸沿长边对折，再沿长边对折，重复两次，撕去所有纸张都连在一起的一个角，展开 A4 纸。

在这轮游戏中，大家仍然仅听从语言引导，但在操作过程中的疑问少了很多，动作更加迅速准确。我们统计 6 个小组撕出同样形状的人数，汇总后一共有 30 人，比上一轮整整多了 5 倍！

2. 两轮引导的差异分析

同样是语言引导，为什么结果会有这么大的差别？

原因在于，引导师给出的指令清晰度不同：一个指令模糊不清，包含了大量变量，只说了"做什么"，却没有说"怎么做"；另一个指令清晰准确，排除了几乎所有的不确定因素。

同时，在两遍具体的操作中，参与者对游戏规则的理解程度也影响了结果。我们观察到部分参与者在第一轮活动结束后，对游戏几乎是条件反射地进行了分析，梳理了哪些是控制变量，哪些步骤是操作要点。参与者对游戏规则的熟悉和理解，也对第二轮游戏结果的改善起到了积极作用。

3. 企业管理升级

如果将这个游戏视作对企业任务指派的一次模拟，我们会发现：如果仅仅发出模糊的指令，将造成团队成员对指令理解不一致，各行其是，心不齐、行不力的情况，从而影响组织绩效的达成。

这个游戏给管理者带来了启发：在绩效体系缺失或未达成一致的情况下，各部门缺乏清晰的绩效目标，只能根据自己的理解开展工作，其效果注定是"1+1<2"；而在清晰的绩效规划下，各部门清晰地知道自己在组织层面承担的责任，并将责任分解到下属团队和个人，给组织内的每个单元清晰的指令，告知其承担的任务、背负的期待和努力的方向，在此基础上激发个体的主观能动性，激发组织效能，能达到"1+1>2"的效果。

4. 引导要点

首先，引导师要清晰地知道研讨会希望达成的目标——管理是激发企业绩效的有效方式。在这个体验活动的设计中，清晰的指令是理解的基础，而一致的理解是行动的前提。

其次，参与者在第二轮对游戏逻辑的主动思考和分析明显有助于提升结果的一致性。在引导的过程中，相较于指示他们"做什么"，告诉他们"怎么做"和"为什么做"更能引起参与者的主动思考，激发其探求欲。这恰恰是引导师需要把握的时机，此时引导师给予参与者的建议可以起到"四两拨千斤"的效果。

最后，引导师需要将这个体验活动的目的与此次研讨会进行强连接，帮助参与者关注研讨会的全貌。

☑ 案例五：提升人力资源体系的管理效能

近年来，人力资源管理在企业管理中的地位显著提高了，中国企业家常说的一句话就是"企业面临的各种问题，归根结底都是人的问题"。随着企业规模的扩大，人力资源管理的重要性日益凸显，人力资源体系的人数也越来越多，面临的问题也越来越复杂。如何提升人力资源体系的管理效能成为各人力资源管理者面临的重要问题之一。"饺子哥"曾用引导技术为多家知名企业引导过相关的研讨会，虽然内容有所差异，但目的趋同，都是为了提升人力资源体系的管理效能。下面，我们以某知名多元化集团J集团的研讨会为例，探寻引导技术对于提升人力资源体系的管理效能的奥秘。

J集团业务要求，但对于人力资源的业务板块并不太认可，这使人力资源体系的整体价值感和成就感偏弱。另外，人力资源部门的各业务板块比较分散，没有统一的归属感和交流平台，平常深度沟通的机会比较少，没有发挥出整个人力资源体系的战斗力和影响力。因此，J集团未来一年的工作重心难以把握，推进下一步工作的抓手也不够清晰。

J集团这次研讨会的参与者包括集团人力资源副总裁、集团人力资源各业务板块的总监和副总监、各子公司人力资源负责人，共计30多人。参与者的基本特点：在该集团工作多年，工龄10年以上的参与者占一半以上；大约有三分之一的参与者并非人力资源专业出身；平时与行业内的企业沟通交流得比较多，对行业内的做法比较熟悉，与行业外企业的沟通较少，对目前新的管理理念和做法缺乏深度了解。

1. 研讨会的目的

我们对集团人力资源副总裁和相关业务负责人做了深度访谈，明确了研讨会的主要目的：

- 了解人力资源战略转型、化效能为绩效、人才发展等人力资源相关知识；
- 共同探讨集团人力资源管理的主要挑战及困惑；
- 共同探讨集团人力资源部的价值定位；
- 明确集团未来一年人力资源管理的战略重点及行动计划。

2. 研讨会的模块

研讨会共分为 4 个模块：第一个模块给予多维的外部输入，包括人力资源战略转型理论体系与案例、化效能为绩效的人力资源管理升级方法论、人才发展与领导力提升实战分享，以及这些案例对集团人力资源工作的启发；第二个模块对人力资源部的价值定位达成共识；第三个模块研讨未来一年的工作重点；第四个模块制订具体的工作计划和行为准则。研讨会共历时 2 天，时长累计 20 个小时。研讨会的 4 个模块如图 9-5 所示。

3. 研讨会的产出

研讨会的关键产出包括以下 4 个方面。

首先，就集团人力资源管理面临的主要挑战及困惑达成共识。人才

155

培养，包括干部的培养、人力资源管理部门和各部门互为伙伴；人力资源团队建设，包括提升专业化、人均效能的提升。

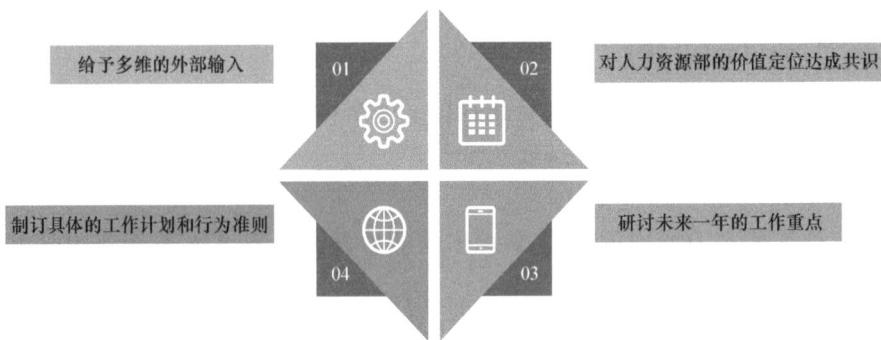

图 9-5　研讨会的 4 个模块

其次，对人力资源部的价值定位达成共识。为经营持续发展提供决策依据，推动价值观和战略落地；洞察业务需求，提供人力资源管理综合方案，提升组织绩效；激发员工潜能，提供发展平台，实现员工价值。

再次，在此基础上共同研讨出未来一年的工作重点。工作重点主要包括提高直线经理的人力资源管理意识，落实责任，建立相关机制；紧密结合业务需求，甄选并培养有潜质的后备队伍；实现各业务板块人均工作效率的提升；提高直属公司的经营管理能力。

最后，共同制订每个工作重点的行动计划。行动计划包括行动内容、时间节点、里程碑、责任人、支持人、所需资源、衡量指标。

4. 研讨会引导的关键点

第一，当研讨会没有达到预期时，我们需要从另外一个角度进行引

导。在第一轮研讨人力资源的价值定位时，产出的成果大而虚，且各组的差异较大，例如，"引领集团产业升级成为变革的推动者""文化理念和价值观的传承者""成就员工梦想""核心关键员工的发现和培养者"，这样的产出将对研讨会后面的模块造成直接影响，这时就需要引导师敏锐地发现问题并及时修正。因此，在本场研讨会上增加了一个重要环节，即整场研讨会的重要节点。引导师现场判断，之所以关于价值定位的讨论会有如此大的差距，其背后的核心原因在于参与者对于"人力资源的客户到底是谁"这个问题没有达成真正的共识。通过充分的研讨，参与者们最终得出：人力资源的主要客户是集体公司的经营者、业务部门的直线经理和关键员工，而不是泛泛而谈的内部客户、所有员工、所有管理者。明确了客户是谁后，人力资源的价值定位就准确了很多。

第二，参与者充分发表各自的观点与要点共识。 在研讨的过程中，由于参与者来自不同的职能部门和业务板块，他们对同一个问题有不同的看法是很正常的事情。在这种情况下，引导师必须尽可能地让不同代表发表观点：一方面，我们可以从不同的视角看待同一问题，产生不同的启发，也给最终的决策者提供不同的输入；另一方面，看似不同的观点背后蕴含着不同的需求，这也是决策者需要考虑和衡量的。在参与者充分表达观点后，引导师需要从更高的层面进行引导，促使其达成共识。例如，可以启发大家站在集团层面，基于 CEO 的视角来做决策，这样达成共识往往容易很多。如果分歧较大，则不宜用少数服从多数的方式进行决策，而应该让最终责任人来做决策。

第三，善用工具模板能有效提高研讨会的效率和共识度。在讨论未来一年的工作重点和制订行动计划时需要借助一些有效的模板进行讨论。

5. 参与者感言

参与者一：这两天的研讨会帮助我们理清了人力资源需要重点关注的方面，促使我们统一思想、明确目标，为我们后续的学习和成长提供了支持，也使我们对明年的工作充满了信心。

参与者二：与兄弟公司一起统一思想，使我们对集团整个人力资源体系有了更好的理解。在两天的研讨会中，我们做正确的事情，提炼人力资源的价值，学到了很多方法。相信明年人力资源的价值会体现出来，业务部门的经理会向我们走来。

参与者三：找到明年工作的方向，我们的能量超乎想象！在两天的研讨会中产生了很多新鲜的观点，这些观点对公司明年的发展有直接帮助。

参与者四：人力资源工作具有崇高的使命。我们作为人力资源工作者，要站在集团的角度考虑问题。通过这次研讨会，我们不仅明确了如何帮助业务线去做好人力资源支撑，知道了自己的价值定位，坚定了明年把"仗"打好的信念。

参与者五：通过这两天的研讨会，我收获颇丰，包括定位、提升、解惑。具体而言，这次研讨会启发了思考，让我知道如何在团队中更好地发挥作用；激发了自信心，让我找到了努力学习和工作的动力。

第十章
引导技术赋能知识转移

☑ 案例一：运用引导技术梳理人力资源的工作重点

对于组织来说，其核心竞争力是什么？是组织管理还是人才？有人为此争辩，角度不同，但各有道理。归根结底，组织管理也需要人依据情况进行设计和实施。如果非要选择一个，那么人才的重要性占比可能是51%。而与人才的相关性非常大的部门是人力资源部，因为它管控着人才的"选、育、用、留"的整个过程。**很多人力资源从业者认为自己的部门在组织中不受重视，没有话语权，没有影响力，是一个弱势的职能部门。**人力资源从业者应该思考到底是什么原因导致他们没有话语权，没有影响力：是否对组织的业务板块了解得不够全面透彻？是否对各个业务部门的人和事不够熟悉？是否知道整个公司的战略规划？下面，我们以一场研讨会为例，分享如何运用引导技术梳理人力资源的工作重点。

本场研讨会的适用情况如下：

● 刚刚上任集团公司的人力资源总监和人力资源副总裁，亟须梳理企业的人力资源体系；

● 人力资源部门一直处于弱势地位，想要提升部门地位；

● 人力资源体系变革。

H 集团的人力资源总监、人力资源副总裁和各分公司人力资源相关负责人共同参与了此次研讨会。引导师在研讨会开始前要做大量的准备工作，如通过调研访谈及一系列工具对企业进行深入了解，包括行业背景、企业性质、人员规模、核心团队、发展历史、财务状况等信息。研讨会的关键要点如图 10-1 所示。

图 10-1　研讨会的关键要点

1. 深入剖析企业现状

要做好人力资源的工作重点梳理，对企业的情况了如指掌是基本要求。在深入剖析企业现状这个环节，每个人都要在引导师的指引下说出**公司当下的核心竞争优势**并达成共识。在这个过程中，引导师要将要点快速地记录在白板上。当条目非常多时，引导师要引导参与者对其进行归类整理，最终保留 2 ~ 3 个条目。经过梳理，参与者们最终总结出 H 集团的核心优势是科研技术和先发布局。

梳理完 H 集团的核心优势后，接下来要继续剖析**公司当下面临的核心挑战**。这个问题不是那么好回答，需要参与者们站在全局的角度去考虑。经过思考后，引导师引导组长对组员的答案进行汇总，然后每组派代表发言。在此过程中，引导师同样需要快速地将要点记录在白板上。大家提出了很多挑战，通过引导最终形成公司的核心挑战：核心人才梯队储备及建设、市场拓展、科研技术的突破。

2. 挖掘背后的根本原因

遇到挑战并不可怕，可怕的是我们没有意识到所面临的挑战，更可怕的是意识到了但没有及时地应对挑战。想要应对公司面临的核心挑战，找到造成挑战的根本原因是关键。在挖掘背后的根本原因的过程中，引导师一定要引导大家说出真实的想法。**这个部分很关键，如果找不准根本原因，我们提出的解决方案就是无效的。**

引导师引导参与者站在 H 集团全局的角度思考核心挑战背后的根本原因，产出分为三层：第一，核心人才梯队储备搭建背后的根本原因是企业对人才的吸引力不足，硬性的物质条件和社会影响力不足；第二，市场拓展打不开局面的根本原因是产品研发跟不上市场需求，营销人员能力较弱，抓不到客户；第三，科研技术未能有所突破背后的根本原因是研发不够聚焦，产品太分散以致深度不够。

3. 明确人力资源的价值定位

在大多数情况下，我们找到原因后就会直接奔向行动计划，其实在此之前应该先搞清楚人力资源的价值定位到底是什么。人力资源是一个服务于公司业务的职能部门，是老板的战略合伙人，还是一个后端支持部门。**定位不同，我们要实现的价值也不同。**引导师让参与者思考在当下这个阶段，人力资源的价值到底是什么。经过讨论后达成共识，H 集团的人力资源的价值定位为搭体系，服务于业务发展的各种体系；找到合适的人并帮助其快速融入组织，集团层面的招聘人员的范围可覆盖到二级公司的部门级别。

4. 制订具体的行动计划

有了明确的价值定位后，再针对性地制定相应的对策就会变得得心应手。本环节依然是分组进行，引导师先引导参与者站在人力资源体系负责人的角度提出具体的行动计划，快速记录要点并进行整合。接下来，引导师引导人力资源副总裁站在集团层面明确具体的行动计划，并和团队成员达成一致。经过研讨产出的具体行动计划为：第一，人才摸底；第二，制定招聘策略；第三，让新员工快速融入（如培训、企业文化、员工关怀等）；第四，调整薪酬绩效；第五，集团管控模式（文化管控，核心团队管控）。还有一点是必不可少的，那就是对这些行动计划进行排序，分清主次，明确轻重缓急。经过排序，当下首要的是薪酬绩效的调整和集团管控模式的建立，其次是人才摸底和招聘策略的制定，最后是帮助新员工快速融入。

5. 梳理人员要求和编制

通过上一个环节的产出，我们知道了工作重点和工作要求，接下来就要依据工作布局进行人员和资源的匹配，具体而言就是要按照工作重点梳理出相应的岗位编制和岗位职责要求，此环节只需人力资源总监和人力资源副总裁参与即可。我们要依据岗位编制和岗位职责进行相应的人员招聘或调整。

未来，人力资源管理会演变为人才管理。当然，这两者并不是割裂的，大多数公司在建立了人力资源管理体系后必然会进入人才管理阶段。但两者也有根本的差别：人力资源管理更注重流程管理和岗位设置，而人才管理更关注人员的培养能力。人才管理要求人力资源从业者既要懂业务，更要懂战略，要将事务性工作转变为战略性工作。如果你现在身处人力资源管理部门，那么就要开始慢慢地转移自己的工作重点，有意识地从当下的事务性工作中跳出来，去做一些思考。人力资源从业者本身就具备一个优势：不会陷入具体的事务性工作中，能够很好地站在旁观者的角度去思考。因此，人力资源从业者要从服务于企业战略转变为参与构建企业战略。

☑ 案例二：引导技术为行动学习导师赋能

在人才发展领域，有一个被企业管理者熟知的 CBA 模型，如图 10-2 所示，即人才发展只有将知、行、悟相结合，才能真正达成人才发展战备的目标和效果。按照传统的人才发展战略，企业通常将人才发展这个目标的实现寄希望于"知"，即知识的传递。但随着企业对人才发展的重视，越来越多的企业开始重视"行"，大量的在岗学习手段开始涌现，其中"行动学习"倍受企业重视。

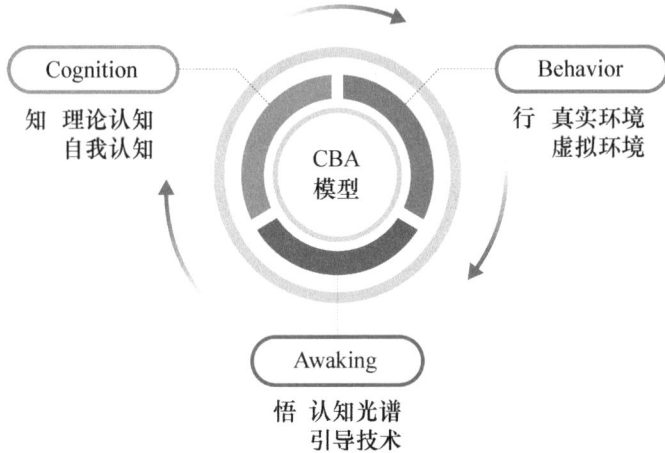

图 10-2　人才发展的 CBA 模型

许多企业都在如火如荼地开展各类行动学习项目，他们不惜重金投入，但往往投入大、回报小。有些企业开始冷静下来，思考"行动学习到底有没有用"。

在 CBA 模型中，"知"对人才发展的贡献为 10%，"行"的贡献为 20%，剩下的 70% 都归功于"悟"。可以说，只要提高"悟"性，就可以极大地增强行动学习的效果。

行动学习属于"做中学"，就是让参与者组成不同的小组，在与组员的相互支持下，解决实际工作项目中的难题，以实现自身综合能力的发展。

根据行动学习过程中投入资源的多少，行动学习可被分为重行动学习和轻行动学习两类。一般而言，人才发展项目都会采用重行动学习的方式，由 CXO（首席探索官）或 VP（副总裁）等高层管理者根据企业近期的业务难点、关注点命定行动学习的题目，然后由行动学习小组的成员破题、解题。这决定了重行动学习重投入、难产出的特点，结题汇报的方案可能看似不错，但方案缺乏落地执行的可行性，在行动学习结束后往往会不了了之。

与重行动学习相比，轻行动学习的可行性更强。轻行动学习是由学习小组的成员结合工作中的难点自行命定行动学习题目。这样，学习小组的成员更乐于投入到解题的过程中，产出的解决方案也具有可操作、可落地的特点，能为企业创造实际的效益，这样既提升了员工的能力，又实现了回报与产出。

在行动学习的实践中，除了要有学习小组成员的投入外，通常还要调动企业的内部资源，为学习小组配备至少一名行动学习导师。

行动学习导师可以由外部导师或内部导师担任。外部导师是企业外部的管理咨询公司的资深顾问或行动学习专家，熟知如何有效地提升能力。内部导师通常来自企业的业务部门，拥有多年的管理经验，是业务方面的资深专家，但对于如何帮助员工提升能力可能存在知识盲区。

接下来，我们以 Z 公司为例，介绍引导技术如何为行动学习导师赋能。

1. 行动学习导师赋能会

Z 公司是一家高科技制造企业，在中国 500 强企业中位居前 50。为了切实提高高潜人才的能力，Z 公司开展了一次为期 6 个月的高潜人才发展项目，引入轻行动学习的方式，并从各个业务单元共邀请了 6 位高级总监或副总经理作为参与者的内部导师。

一方面，这些内部导师具有丰富的内外部资源，可以帮助参与者协调资源，解决课题中的难题；另一方面，这些内部导师在企业内有多年的工作经验，熟悉企业的用人标准，可以更好地判断参与者的状态。

基于内部导师在整个行动学习中的重要价值，外部的咨询顾问（外部导师）使用引导技术为内部导师赋能，帮助他们从专业和人才发展的角度为行动学习提供支持。

行动学习导师赋能会选定在行动学习开题后的前 3 周进行。在这 3 周的时间里，行动学习小组先按照开题时的行动路线图布置相应的工作任务，内部导师再接受外部导师的 1 ～ 2 次辅导，对行动学习有初步的认知。在此基础上开展行动学习导师赋能会，可以更有针对性地帮助内部导师引导行动学习。

2. 明确导师的引导目标和职责

尽管内部导师之前已被清楚地告知其在行动学习引导中的目标和职责，但随着时间的推移，内部导师工作繁忙，他们往往会忘记或忽略最初设立的引导目标和职责，因此在行动学习开题 3 周后，需要再次明确导师的引导目标和职责。

导师们的引导目标：

● 帮助参与者落实在行动学习期间学习到的能力；

● 对整体项目给予专业角度的把关；

● 确保行动学习按行动路线图推进。

导师们的职责：

● 激发参与者进行行动学习的动力；

- 了解参与者当前的困难，必要时帮助他们协调资源；

- 从企业内部视角评判参与者的能力成长，并给予他们能力发展建议。

3.行动学习引导过程回顾

在对行动学习引导的过程中，外部导师介绍各小组的行动学习的进展情况、引导中遇到的挑战和应对策略、对各小组成员的观察等。在引导的过程中，导师们很快发现了在行动学习引导中存在的共性问题：

- 小组组长会明显影响小组的气氛和项目的推进；

- 小组的命题过大，很容易挫伤小组成员的积极性，推进乏力；

- 导师引导的边界难以界定，在给予资源和让小组成员自行探索之间左右为难。

有几位导师引导的小组进展得很顺利，因此总结出了较为成功的经验：

- 小组内有明确的职责分工，收集资料、整理数据、分析总结等工作各司其职；

- 小组成员合理地处理与导师的关系，将导师视为重要的伙伴和资源的提供方，而不是监工，与导师建立了良好的沟通关系；

- 小组内的行为准则明确，按照行动路线图的时间表有规律地推动行动学习项目进展。

有几位导师引导的小组进展得不太顺利，问题在于：

- 后台支持部门的同事对业务不熟悉，在讨论时难以融入；

- 在行动学习项目进行3周后，发现初始命题的难度较大，若继续进行则很难有所产出。

4. 导师间彼此提供建议和支持

在行动学习的引导过程中难免产生阻碍，但只要经验丰富的导师们聚在一起，就很容易碰撞出思维的火花，产出有效的解决方案。其中的一些阻碍或难题只需要结合其他小组的成功经验，就可以轻松化解。

"后台支持部门的同事对业务不熟悉"这个问题让导师们产生了不同的观点。有两位导师认为，这恰恰是后台支持部门同事学习的好机会，因此在他们所引导的小组中，后台支持部门的同事非常投入地学习。另外的两位导师则认为这个问题是由分组不合理造成的，并没有充分考虑后台支持部门的同事对行动学习项目的参与感和投入度。针对这个问题，这 4 位内部导师展开了激烈的辩论。

外部导师观察到在 4 位导师辩论的过程中，另外 1 位内部导师没有太多发言，便邀请她发表自己的观点。这位导师结合之前自己作为行动学习小组成员的经历，提到当时同组的后台同事常常会基于与一线同事不同的视角提出一些建议，促进了项目的实施。

经过充分的沟通和碰撞，6 位内部导师最终达成了共识——尽管后台同事不能从专业的角度给予很大的支持，但如果对他们进行合理的分工，他们就可以从创意等其他方面为团队带来价值。

5. 小结阶段性成果

最后，外部导师带领内部导师对赋能会中的阶段性成果进行了总结，使内部导师在之后的行动学习中可以更好地进行引导。

阶段性成果包括：

- 对组长进行一对一辅导，提升其领导力和项目管理能力；

- 与小组成员就导师在整个项目中的角色和价值达成共识，以伙伴和资源提供者的角色参与其中；

- 帮助团队制定明确的行为准则；

- 帮助小组进行合理分工，让每个人都能发挥所长；

- 导师之间及时分享遇到的困难，互相帮忙协调资源；

- 作为资源的提供方之一，导师要先让小组成员进行充分探索、必要时再提供资源。

☑ 案例三：如何用引导技术做PPT培训

对于 PowerPoint(PPT)，大家并不陌生，如今其应用越来越广泛，特别是在工作汇报、企业宣传、教育培训、管理咨询等领域占据着举足轻重的地位。相信大家都具备 PPT 的基本操作技能，但在实际的工作中，我们制作的 PPT 通常会一而再、再而三地被领导退回来重改，或者我们在给客户做产品演示、方案讲解时并没有打动客户。当然，你会说这和演讲的人有关系，毋庸置疑，我们制作的 PPT 的形式和所呈现的内容也对此产生着直接的影响。那么什么样的 PPT 可以打动我们的客户（你的同事和上级在某种意义上也是你的客户），我们如何提升制作 PPT 的能力呢？

我们以一次真实的企业内训为例，介绍如何运用引导技术提高员工制作 PPT 的能力。这次企业内训的参与者为经常使用 PPT 汇报工作或给客户做产品演示、方案讲解的员工。他们中的大部分人都能较为熟练地使用 PPT 这个办公软件，也制作过不少 PPT。

这次培训的引导过程共分为认知转变、定义标准、实践演练、反思突破 4 个阶段。

1. 认知转变

首先，引导师要从认知层面让参与者对 PPT 的作用有清晰的认知。在这次企业内训中，引导师先让参与者思考"PPT 的制作为什么重要"，大家思考后开始阐述各自的看法：有人说 PPT 是汇报工作的一种工具；有人说 PPT 是自己逻辑思维的展现方式；有人说 PPT 代表着公司的形象；还有人说 PPT 是和客户沟通的重要媒介。接下来，引导师将参与者对于 PPT 的作用的认知归为 4 个层级：汇报的辅助工具；逻辑展现；态度与形象展示；沟通与情感连接的桥梁。最后，引导师总结"在制作 PPT 时，我们需要记住两个关键词：**作品（有艺术感）**和**沟通（情感连接）**"。认知改变行为，如果我们的认知发生了变化，相信制作出的 PPT 必然会有所不同。

2. 定义标准

获得了认知转变，接下来就要界定"好的 PPT 是什么样子"。引导师紧接着带领大家进入了第二个话题的讨论，即"你认为好的 PPT 有哪些特征"。参与者展开了激烈的探讨："简单、直接""用户中心""美观""逻辑清晰"……最后，引导师总结概括出好的 PPT 应具有 4 个要素：第一，用户中心（情感共鸣）；第二，准确流畅；第三，美观大方；第四，简单明了。对于 PPT 的作用有了清晰的认知后，我们还需要知道好的 PPT 的标准是什么，这样就能明确我们在制作 PPT 时需要改进的地方。

优秀PPT的4个要素如图10-3所示。

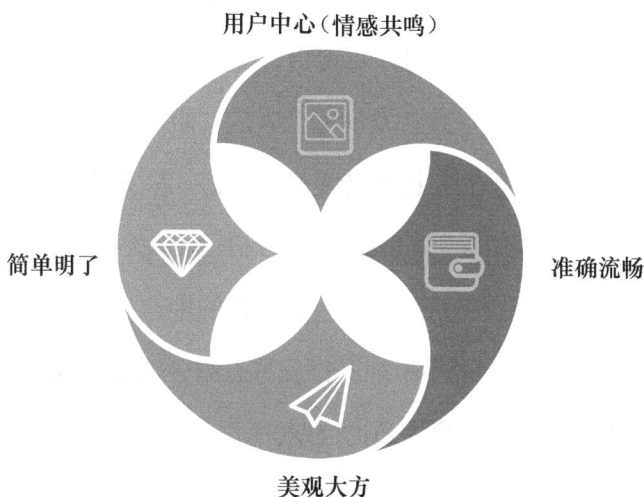

图 10-3　优秀 PPT 的 4 个要素

3.实践演练

接下来,引导师引导参与者按照优秀PPT的标准对他们曾经制作的一份PPT从4个维度进行打分,并逐页点评PPT细节上的不足。例如,PPT首页的主标题与副标题关联度较弱,PPT内容的针对性不强,PPT目录的逻辑性不强等。然后,引导师引导参与者进行分组修改的实战演练,经过大家的讨论修改,PPT焕然一新,内容、逻辑和形式都得到了很大的改进。在这个环节,参与者们体会到了"用户中心""准确流畅""美观大方""简单明了"这些词语的具体内涵。通过小组协同的形式,大家还体验到协作和沟通方面的挑战与进步、在时间分配上的技巧等。除了认知上的提升,最重要的还是要落实到行动。

4. 反思突破

在最后一个环节，引导师用"是什么阻碍你做出好的 PPT"这个问题再次引导大家深度思考：有人觉得自己的逻辑性需要加强，有人觉得自己缺乏素材的积累……我们发现每个人的"阻碍"都是不同的参与者们通过相互交流，认识到自己有待提升的地方。明确了自己需要改进的地方后，参与者们在引导师的引导下结合自己要突破的点，修改或重新制作以往的 PPT，切实将认知上的收获有目的地运用到实际工作中。在制作 PPT 的过程中一定要不断地进行反思总结，这是觉醒的过程。一旦真正觉醒，PPT 的制作将会有质的飞跃。

☑ 案例四：如何用引导技术为品牌命名

一个好名字的重要性毋庸置疑——"玫瑰"如果叫别的名字也许就不再似这般芳香馥郁，加勒比海的"猪岛"在改名为"天堂岛"之前一直默默无闻。营销著作《定位》的作者在书中提到："名字就像钩子，把品牌挂在潜在客户心智中的产品阶梯上。在定位时代，你能做的唯一重要的营销决策就是给产品取什么名字。"这充分说明了品牌商标的重要性。一个好的品牌名字通常有以下特点：有意义、容易记忆和联想、符合市场定位，同时是全新的、尚未被注册过的。因此，为品牌取一个好名字是一件重要、紧急且需要创造力的事情。

"头脑风暴"作为一种经典的激发创造力的方法，其特点是操作简便、高度参与、高效有用、群策群力，又因为其适用于简单、主题明确的任

务，因此是用来取品牌名、产品名的常用办法。但头脑风暴有其天生的
"缺陷"，例如，在讨论过程中容易漫无边际、天马行空，奇思妙想难以
落地，过程容易变得冗长等。这些问题对于主持"头脑风暴"的人提出
了很高的要求。实际上，由于"头脑风暴"与引导技术互补，其早已被
引导师纳入工具箱。下面，我们以"饺子哥"亲自引导的一次工作坊为
例，分享一个通过"引导技术＋头脑风暴"得到品牌名创意产出的成功
过程。

由于某领先企业的一款新产品日臻成熟、市场呼声渐高，为该产
品品牌命名的任务变得既重要又紧急。如何为品牌取一个有意义、容
易记忆和联想，又符合市场定位的名字呢？这是本次工作坊要解决的
问题。

本次工作坊的参与者主要为公司研发、品牌、营销部门的代表成员，
共 10 余人。本次工作坊的时长为 4 个小时，分为集思广益、投票表决、
二轮风暴和最终决策 4 个板块。

1. 集思广益

引导师阐明主题与目标后，留出 3 ~ 5 分钟的时间让大家思考，参
与者将各自的想法记录在便利贴上。值得注意的是，引导师让大家思考
的时间不要留得太短，时间太短难以产出足够多的点子；时间也无须留
得太长，否则会拉长战线、降低效率。一开始，大家的思路比较常规，
大多从谐音入手。一位参与者提议可以寻找主题词的不同语种，帮助大
家打开了思路。思考时间截止后，各位参与者逐一对"战果"进行汇报。

一轮汇报结束后，大约产生了 30 个想法，这些想法被记录在电子文档中并进行投影，以便所有人都可以看到。

在这个环节，我们可以看出，公司成员参与商标名字的决策与生成有 3 个好处：一是群策群力，充分发挥群体的智慧，提升创意的质量，群体投票也可以扩展视角、判定优劣；二是给予员工发挥才能的机会，丰富工作内容，增强思维的灵活性；三是可以提升员工的参与感与责任意识，暗示每个人都是公司的"主人"。

2. 投票表决

30 个名称产生以后，我们发现这些名字五花八门、多种多样——有的来自主题词的不同语语，有的将产品与客户群体进行组合，有的运用象征词语，有的既有趣又吸引眼球，有的则不那么具有吸引力。那么该如何择优淘劣呢？此时，引导师让大家投票，首先淘汰那些明显不符合公司定位的名字。

第一轮投票结束后，进入第二轮投票表决：每人有 3 票的选择权，可以选出自己认为最好的名字，在投票的过程中要坚持独立思考。这是引导师收集到大量、复杂信息后的常用做法——投票数最多的名字是"民心所向"。这些被投票选出的名字虽然数量不多，但分量很重，是宝贵的信息输入。但一些被淘汰的名字也不容忽视，引导师要征询投票者的意见，因为在企业中，个别持不同意见的人为企业带来真知灼见和全新视角例子也不在少数。经过表决，30 个想法只留下了 3 个票数最多的选项。此时，工作人员即时查询这些商标是否能被注册，这样的高执行力可潜移默化地在员工间传递。

3. 二轮风暴

经查询，这3个名称全部被注册过，果然常规的好想法总会被抢占先机。引导师当机立断，开启了第二轮头脑风暴。此时，大家的思路好像被局限住了，产生的想法与第一轮相差无几。于是，引导师采取了两个措施：

● 从公司定位、产品特点、客户群体以及一些不相关的事物出发进行引导，帮助参与者从原有的思维模式跳出来，跨领域思考。

● 所有参与者暂停5分钟，可以休息一下，也可以出门走动，寻找新的灵感。5分钟后再次集中进行第二轮头脑风暴。

事实表明，这些方法奏效了，经过第二轮头脑风暴，大家纷纷贡献出新的想法，并将之前的想法进行二次加工、排列组合，这一次提出的新名字多达50个，远超第一轮。第二轮投票后，引导师依然对票数最高的3个名字进行查询。

4. 最终决策

此次的查询结果没有让大家失望，最终有一个名字突破重围，成为本次时长4小时的工作坊的关键产出——一个有意义、容易记忆和联想、符合市场定位的好名字。由于这个名字汇聚了所有人的想法和选择，反馈也及时有效，所有参与者情绪高涨、体验良好。总之，本次工作坊目标明确、流程高效，达到了目标，是一场较为典型的高效能工作坊。

此次工作坊引导的关键点包括5个方面，如图10-4所示。

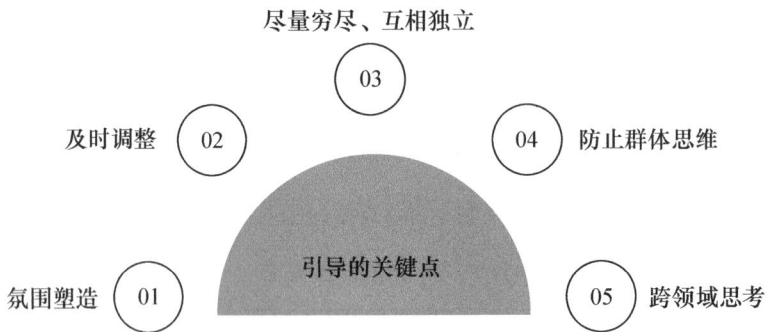

图 10-4 引导的关键点

第一，氛围塑造。在一场鼓励创造性的工作坊中，引导师可以在一开始通过言语行为、破冰游戏营造宽松、自由、开放的氛围；在之后产生新点子的过程中严禁批判，引导师应掌握好场内的能量流，当发现开始形成互相否定的批判气氛或发生关注点偏移时，要做好控场，确保头脑风暴在轻松愉悦、开放自由的环境中进行。当效率不高时，引导师可以鼓励大家基于其他人的思路进行二次思考和加工，确保参与者的思维不受限制。

第二，及时调整。当工作坊已经开始却发现原先的准备不足、沟通不到位，或按照原来的环节无法得到目标产出时，引导师应当考虑及时增加、删减或调整工作访的环节。当引导师发现原有环节存在问题又暂时没有更好的想法时，可暂停几分钟让所有参与者稍作休息，为自己争取时间。在这个休息期间，引导师可以重整思路，对工作坊的环节进行再设计。

第三，尽量穷尽、互相独立。当引导师向参与者收集想法和观点时，可提示参与者遵循麦肯锡（MECE）"相互独立、完全穷尽"的原则，即观点应尽量完整、全面，而互相不重复、不矛盾。在参与者表达观点时，引导师要做好及时澄清、总结归纳、合并提炼的工作。同时，不同人、不同小组的产出会产生思维碰撞，引导师要做好现场的冲突管理，始终持公平客观和中立的态度，不偏向任何一方。

第四，防止群体思维。收集完观点进行投票时，参与者有时会产生群体思维，群体思维是指强内聚力的群体认为他们的决策没有错误，为了维持群体表面上的一致，每个成员都会支持群体的决定，与此不一致的信息则会被忽视。例如，从众行为、随波逐流、附和他人的现象都属于群体思维，此时，引导师应该及时提醒参与者坚持独立思考。同时，产出的观点要确保所有人都可以看到，这些观点可以记录在电子文档上进行投影。

第五，跨领域思考。当参与者思维受限、产出低效甚至无效时，引导师可以采取以下几种做法：其一，全员可以适时休息，寻找新的思路；其二，为参与者提供一些新的输入，可以采用一些刺激跨领域思考的常用办法，例如，让参与者通过杂志中的文字图片获得灵感；其三，提出概念，在目前主题的基础上提出上位或下位概念，对思维进行扩展或聚焦；其四，提出反响或愿景假设，以终为始，从上、下游对思维进行拓展；其五，可以随机联想，发现事物间的联系，产生新思维。

☑ 案例五：运用引导技术加快决策速度

会议是生活中的一种常见场景，可以说，但凡有人的地方，就有会议。决策会议是企业经营中的一种最常规会议，其本质是让众人集思广益，寻求最优的解决方案，为日后的高效执行做好铺垫。但是在实际的生产经营活动中，会议却存在进行时间长、产出质量低、结果认可度不高、后续落实不到位等情况。引发这些状况的一个原因是，会议参与者的贡献不足。例如，在意见未被提出、没有经过有效的讨论前便确定决策。如何使用引导技术提高会议决策的速度和质量呢？下面，我们以某公司的创意会议为例，介绍如何运用引导技术加快决策速度。

某公司计划在 2018 年 3 月发布一款全新产品，于是组织市场部门的同事举行了市场活动的创意会议。在以往的会议中，大家的想法、创意很多，需要用大量的时间进行讨论。有时为了提高效率，市场部总监会采取一人拍板的形式，虽然效果不算差，但同事的参与感会下降，在后续的执行中存在执行不到位的情况。因此，市场部总监决定，在此次会议中运用引导技术来提高会议的效率。这次创意会议分为 3 个阶段：充分发散、达成共识、引导要点。

1. 充分发散

"头脑风暴"是创意会议中不可缺少的一个环节，也是各类会议中常用的一种工具。经验表明，只有充分发散思维，才能找到最优的结果。通常，优秀的点子会在想出 30 个点子以后出现，而最优秀的点子大约在想出 80 个点子以后才出现。然而，在我们平常的会议中，通常是还没有充分发散思维便开始加速收敛，这样的会议往往会埋没最优秀的点子。

2. 达成共识

在"头脑风暴"之后，达成共识并非一件容易的事情，会议的参与者对自己贡献的想法会更有认同感。在这场会议中，参与者在引导师的引导下先排除了部分明显不合适的想法，剩下 5 条质量相当、大家都比较认可的创意。如何在这 5 条创意中选出最佳创意，让参与者认同并全力执行呢？因涉及商业秘密，本文对 5 条创意进行了修改，如下所示：

A. 采用高端论坛的形式，将产品体验贯穿其中；

B. 与行业协会合作将产品发布嵌入协会会议；

C. 在 CBD（中央商务区）租用场地搭建 2 个月的体验馆；

D. 线上产品发布会，采用"直播 + 录播"的形式传播；

E. 邀请潜在客户转发宣传软广，获得免费体验的机会。

市场部总监以往通常采用一人拍板的方式，但这次他准备了投票帖，让大家投票表决。

第一轮投票：每人 3 票，投给自己认为不合适的 3 条创意。

B 创意高票当选，获得了 13 票（共 15 人），首先出局。大家给出的理由比较相近——B 创意的实行成本并不低，同时对行业协会的把控度很差，不适合进行新产品发布。创意的发起者也认同这个理由，同意将其去掉。

第二轮投票：每人 3 票，投给自己认为最合适的 3 条创意。

D 创意仅获得 4 票，也被排除在外。A、C、E 3 个创意的得票数较多，分别是 13 票、15 票、14 票。此时，引导师并没有采用简单的绝对数方法，而是给大家进一步讨论的机会。

第三轮：创意整合。

A、C、E 3 个创意的得票数比较接近，肯定有各自的可取之处。因此，市场部总监请提出这 3 个创意的同事再次分享了创意背景等信息。最终，大家决定对 C、E 两个创意进行整合——在 CBD（中央商务区）租用场地搭建 2 个月的收费体验馆，同时邀请目标客户在微信朋友圈转发宣传软广，获得免费体验的机会。

"达成共识"部分的效率远远超出所有参与者的想象。因为在以往的会议中，大家通常会用 6 ~ 10 个小时进行辩论，在市场部总监拍板后也很难达成绝对的共识。但是通过引导技术，仅用 2 个小时的时间，就产出了一个大家都认同的决策，甚至连创意方案被驳回的同事也对这个结果心服口服。

3. 引导要点

在一场会议中，达成共识通常会消耗大量的时间，引导技术可以加速这个过程。在决策会议中，引导的三大要素如图 10-5 所示。

第一，使用投票帖。投票帖是一种非常实用的小工具。在传统的决策会议中，为了达成共识，参与者需要经过多轮的辩论和澄清。而投票帖以匿名的方式，可以简单、快捷地将不合适的选项排除在外，同时也可以让优质的选项尽快呈现。

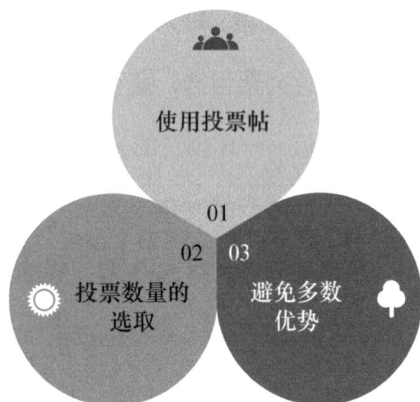

使用投票帖

01

02 03

投票数量的选取

避免多数优势

图 10-5　引导的三大要素

第二，投票数量的选取。引导师需要为每位参与者设定合理的可投票数，不宜过多，也不宜过少。如果每个人的可投票数过少，则各个选项的票数会比较分散，使真正优秀的选项无法凸显；如果每个人的可投票数过多，则各个选项的票数会比较平均，难以拉开区分度。

第三，避免多数优势。即便出现了高票集中的选项，也不要轻易排除其他选项。引导师需要与参与者确认，避免少数服从多数的情况发生，忽略真正优质的创意。

☑ 案例六：妙用认知光谱设计人才发展项目

随着时代的高速发展，人力资源从业者不得不正视一个现实：想在竞争激烈的人力市场挑选到一个合适的人才越来越不容易。于是，企业开始在内部培养人才，各类人才发展项目、培训学习如雨后春笋般在企业内迅速拔地而起。可是，无论是负责整体规划的组织发展师、人才发展师，还是负责实际落地的学习发展师和内训师，都时常被一个问题困扰，即如何有效地促成参与者从知识到能力的行为转化。

（一）傲慢是行为转化的大敌

成人学习与儿童学习不同。儿童学习是儿童出于天生的本能——好奇心，会主动提出大量的问题——为什么，最终形成一种个人与社会的联系。儿童学习是一种对外在陌生事物主动探索的过程。

被称为"成人教育之父"的马尔科姆·诺尔斯指出，成人学习具有6个特点：

- 成人学习具有自我激励和自我指导的特征；

- 成人学习的目标很明确；

- 成人经常会把自己的生活经验和知识带入学习的过程中；

- 成人更喜欢在学习的过程中体验有相关性的东西；

- 成人学习对实践性的要求很强；

- 成人在学习中需要得到尊重。

由此可以看出，企业希望员工完成知识到能力的行为转化，首先需要解答的一个问题是"我为什么需要知道这个"。

大部分的人才发展项目或企业内训的效果不显著的主要原因，恰恰是没有有效地回答这个问题。其原因既包含对项目规划、课程设计考虑不足，也包含引导师自身能力欠缺。当一个人明显具有某种傲慢态度时，自然会对其行为转化产生重大的阻碍。这也是我们在诸多人才发展项目中，常常观察到的现象。

（二）认知觉醒打破傲慢壁垒

觉醒是改变傲慢态度的重要手段。觉醒的方式有很多种：可以是经历某个重大事件后产生了全新的自我认识；可以是借助心理咨询等专业手段，意识到自己的某个持续行为产生的根本原因；也可以是受到某位知名人士非凡经历的影响……在人才发展项目中，常见的觉醒方式是引导师通过专业的引导，带给参与者全新的认识。任何一种方式的觉醒都要直达内心，产生心灵深处的颠覆和翻转。当一个人觉醒之后，盲点会被消除，他们能看见自身需要成长之处并开始产生相应的自主学习过程，在一段时间内快速形成能力的内化和行为的转变。

引导技术的应用可以有效地启发人才觉醒，其中3个要素会对人才觉醒起到巨大的作用：个人的深入思考、具有挑战性的经历、环境的支持。

首先，引导师构建出特定的场域环境。然后，引导师在场域中引入具有挑战性的事件，具有挑战性的事件既可以是工作中的实际难题（如商业模式探讨、客户需求设计等），也可以是体能挑战（如翻越雪山、挑战身体极限等），还可以是虚拟调整（如设想竞聘上岗环节等）。在挑战的过程中，引导师要利用引导技术点拨参与者，激发参与者之间的思想碰撞，引导其深入思考。最后，引导师再用犀利的点评，全方位地激发参与者深度思考。

（三）认知光谱持续激发觉醒

根据以往的实践经验，单次人才发展项目或企业内训（2~5天）的觉醒效果大约可以持续60~90天，即参与者在此之后的2~3个月里会保持持续成长的动力，并且将自我学习的能力不断内化、产生行为的转变，但人才发展项目或企业内训的效果也会随着时间的推移逐渐减弱。当觉醒的效果消耗殆尽之后，参与者的成长将再次停滞。

如何帮助参与者保持成长的动力呢？引导师可以引入"认知光谱"这个工具，多次、反复地刺激参与者觉醒。认知光谱的运用可以使参与者不断意识到其自身需要成长的方面，并且保持向上成长、突破的动势。认知光谱示例如图 10-6 所示。

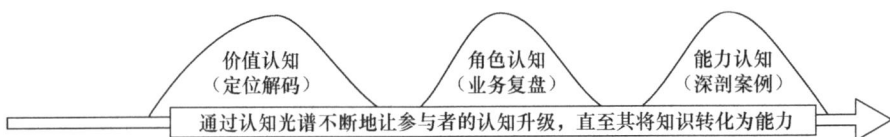

图 10-6　认知光谱示例

利用认知光谱设计人才发展项目时，我们需要考虑以下 4 个因素。

其一，明确人才发展目标，以终为始。只有精心设计认知光谱，才能发挥最大的功效，其中最重要的是明确人才发展的目标，并将目标分解为需要具体提升的能力，在认知上获得觉醒。

其二，每次只改变其中一项自我认知。俗话说，"贪多嚼不烂"。在每次具体的人才发展项目或企业内训中，不要设计多个自我认知点，这样很可能会造成参与者的认知混乱，反而影响觉醒的效果。

其三，合理设计人才发展项目或企业内训的周期（60 ~ 90 天为宜）。人才发展项目或企业内训的时间间隔不宜过长（超过 120 天），避免参与者丧失持续突破成长的动势；也不宜过短（少于 50 天），以免参与者产生认知混乱。

其四，重复刺激某项认知时须谨慎。虽然重复是一种有效的学习方式，但如果将其运用于人才发展的项目中，重复刺激一项具体认知，很可能会造成参与者的"审美疲劳"，从而无法有效地激发参与者觉醒。

衷心期待广大引导师和管理者
在引导的道路上：
　　坚守相信的信念、
　　坚定引导的价值
　　坚持实践的修炼

张谷雄
2019.11.8